KOMPLETNÍ KUCHAŘKA TARTE TATIN

Ponořte se do světa lahůdek naruby se 100 delikátní recepty

Libor Junek

Materiál chráněný autorským právem ©2024

Všechna práva vyhrazena

Žádná část této knihy nesmí být použita nebo přenášena v jakékoli formě nebo jakýmikoli prostředky bez řádného písemného souhlasu vydavatele a vlastníka autorských práv, s výjimkou krátkých citací použitých v recenzi. Tato kniha by neměla být považována za náhradu lékařských, právních nebo jiných odborných rad.

OBSAH

OBSAH **3**
ÚVOD **6**
JABLKO TATINY **7**
   1. Tarte Tatin s jablky a rozinkami 8
   2. Cranberry Apple Tarte Tatin 10
   3. Javor Pekan Jablkový Tarte Tatin 13
   4. Rustikální skořicový jablečný Tarte Tatin 15
   5. Tarte Tatin z jablek a borůvek 17
   6. Tarte Tatin z jablka a tomelu 19
   7. Jablečný Tarte Tatin z granátového jablka 22
   8. Jablečný zázvorový koláč vzhůru nohama 24
   9. Jablečný ořechový dort naruby 27
   10. Jablečně-karamelový dort naruby 30
   11. Jablečno-pekanový dort vzhůru nohama 33
   12. koláč vzhůru nohama 36
TATINY HRUŠKOVÉ A DUŘOVÉ **39**
   13. Tarte Tatin z javoru a hrušek 40
   14. Zázvorový koláč Tatin 42
   15. Hruška a vanilka naruby Palačinka 45
   16. Kdoule a kardamom Tarte Tatin 48
   17. Kdoule a mandlový Tarte Tatin 50
   18. Dort s medovou hruškou vzhůru nohama 52
   19. Vanilková pošírovaná hruška a medový Tarte Tatin 55
   20. Kdoule a skořice Tarte Tatin 57
   21. Šafrán a pistácie Hruška Tatin 59
   22. Hruška, čokoláda a oříškový Tatin 62
BANÁNOVÉ KOLÁČKY **64**
   23. Banánový dort vzhůru nohama 65
   24. Banánový ořechový dort naruby 68
   25. Banánovo-ananasový dort vzhůru nohama 71
   26. Jednotlivé dorty s banánovými ořechy vzhůru nohama 73
BERRY A FÍKOVÉ TATINY **75**
   27. Fík, lískový oříšek a vanilkový Tarte Tatin 76
   28. Smíšený Berry Tarte Tatin 78
   29. Malinový a jablečný Tarte Tatin 80
   30. Borůvka A Jablečný Tarte Tatin 82
   31. Ostružiny a whisky jablka Tatin 85
   32. Broskvový A Ostružinový Tarte Tatin 88
   33. Třešňový dort vzhůru nohama 90
   34. Blackberry Upside-Dol Cake 92

35. Borůvkový dort vzhůru nohama 95
36. Třešňový ananasový dort vzhůru nohama 97
37. Tomel vzhůru nohama dort 99
38. Malinový dort vzhůru nohama 101

TATINY CITRUSOVÉHO OVOCE 103
39. Pomerančový a karamelový Tarte Tatin 104
40. Rebarbora Orange Tarte Tatin 106
41. Tarte Tatin z pomeranče a kardamomu 108
42. Miso pine lime tarte tatin 111
43. Krvavý pomeranč a kardamom Tarte Tatin 113
44. Clementine a mandlový Tarte Tatin 115
45. Grapefruit a estragonový dort vzhůru nohama 117
46. Kumquat Upside-Down Cake 120
47. Meyer Citronový dort vzhůru nohama 123
48. Oranžový tvarohový koláč vzhůru nohama 126
49. Dort s citronovým pudinkem vzhůru nohama 129
50. Ovocný koktejl Upside-Down Cak e 131
51. Zimní citrusový dort vzhůru nohama 133
52. Whisky-Yuzu Savarin Upside-Down Cake 136

KAMENNÉ OVOCNÉ TATINY 139
53. Broskvový a pekanový Tatin 140
54. Meruňka Tarte Tatin 143
55. Teplý švestkový Tarte Tatin 145
56. Švestkový a mandlový Tarte Tatin 147
57. Tarte Tatin z třešní a balsamica 149
58. Meruňkový a levandulový Tarte Tatin 151
59. Tarte Tatin z nektarinky a tymiánu 153
60. Třešňový a čokoládový Tarte Tatin 155
61. Tarte Tatin se švestkami a badyánem 157
62. Bílý broskvový tarte tatin s tymiánem 159
63. Švestkový a brusinkový tarte Tatin 161
64. Meruňkový dort naruby 163
65. Višňovo-nektarinkový dort naruby 166
66. Dort s broskví a ořechy vzhůru nohama 169
67. Broskvovo-perníkový dort naruby 172
68. Broskvovo-brusinkový dort vzhůru nohama 175
69. Švestkový koláč vzhůru nohama 178

TROPICKÉ OVOCE TATINY 181
70. Ananasový Tarte Tatin 182
71. Banán a karamel Tarte Tatin 184
72. Ananas a kardamom Tatin 186
73. Ananasový a kokosový Tarte Tatin 188
74. Mango a limetka Tarte Tatin 190

75. Papája a mučenka Tarte Tatin 192
76. Kiwi a mátový Tarte Tatin 194
77. Tarte Tatin z banánů a makadamových ořechů 196
78. Tarte Tatin z kokosu a manga.. 198
79. Papája a Lime Tarte Tatin 200
80. Maracuja a ananasový tarte Tatin... 202
81. Mini Liči Tart Tatin 204
82. Mango Upside Down dort 207
83. Mango-Ořech Upside-Down Pomerančový dort 209
84. Mango a kokosový dort vzhůru nohama.. 212
85. Malinovo-mangový dort naruby 215
86. Ananasový meruňkový dort vzhůru nohama 217
87. Ananasový rozmarýnový koláč vzhůru nohama e........................... 220
88. Ananas vzhůru nohama zázvorový dort 223
89. Dort s ananasem a sýrem vzhůru nohama 226

ZELENINOVÉ KOLÁČKY 229
90. Rebarborový dort vzhůru nohama.. 230
91. Dýně Upside Down Dort... 233
92. Ananasovo-cuketový dort naruby 235
93. Řepa vzhůru nohama dort 238
94. Broskev a pastinák Upside Down dort 240
95. Mrkvový dort vzhůru nohama... 242

ČOKOLÁDOVÉ DORTY 245
96. Čokoládový meruňkový dort vzhůru nohama 246
97. Čokoládový třešňový dort vzhůru nohama...................................... 249
98. Čokoládový ořechový dort vzhůru nohama..................................... 251
99. Kokosový dort vzhůru nohama 254
100. Čokoládový tvarohový koláč Jack Daniel's Upside Down.............. 257

ZÁVĚR 260

ÚVOD

Vítejte v „Kuchařce pro Tarte Tatin: Ponořte se do světa rozkoší vzhůru nohama se 100 delikátními recepty." Tarte Tatin s karamelizovanými jablky a máslovým pečivem je klasický francouzský dezert, který potěší smysly a zachycuje esenci rustikální elegance. V této kuchařce vás zveme, abyste se vydali na kulinářskou cestu světem Tarte Tatin a prozkoumali 100 neodolatelných receptů, které předvádějí všestrannost a lahodnost tohoto oblíbeného dezertu.

Tarte Tatin je víc než jen dezert; je to oslava sezónního ovoce, máslového pečiva a kouzla karamelizace. V této kuchařce se ponoříme do umění výroby Tarte Tatin, od zvládnutí dokonalého karamelu až po vytváření šupinkových kůrek a aranžování ovoce s přesností a vkusem. Ať už pečete pro zvláštní příležitost, útulnou rodinnou večeři nebo prostě toužíte ochutnat Francii, na těchto stránkách najdete spoustu inspirace.

Každý recept v této kuchařce je pečlivě vytvořen tak, aby zvýraznil jedinečné chutě a textury Tarte Tatin a zároveň nabídl kreativní zvraty a variace, které potěší vaše chuťové pohárky. Od klasického jablečného Tarte Tatin až po inovativní kreace s hruškami, broskvemi, bobulemi a dalšími, existuje Tarte Tatin pro každé roční období a pro každé patro.

Díky jasným pokynům, užitečným tipům a úžasným fotografiím vám "KOMPLETNÍ KUCHAŘKA TARTE TATIN" usnadňuje znovu vytvořit kouzlo tohoto oblíbeného francouzského dezertu ve vaší kuchyni. Ať už jste zkušený pekař nebo nováček ve světě Tarte Tatin, budete se cítit sebejistě, když se vydáte na své kulinářské dobrodružství a vytvoříte krásné a lahodné dezerty, které zapůsobí na vaši rodinu a přátele.

JABLKO TATINY

1. Tarte Tatin s jablky a rozinkami

SLOŽENÍ:
- 2 lžíce másla
- 3 lžíce rumu
- 1 šálek Smíšené rozinky a rybíz
- 2 libry med jablek
- 17 uncový balíček mraženého listového těsta
- ¼ šálku plus 2 polévkové lžíce bílého cukru
- Trouba: 400F

INSTRUKCE:
a) Jablka oloupeme, zbavíme jádřinců a nakrájíme na osminky. Naplňte mísu dostatečně velkou, aby se do ní dala vložit 9palcová litinová pánev, kostkami ledu a poté doplňte vodou. V 9palcové litinové pánvi na středním ohni rozpusťte máslo. Přidejte cukr.

b) Míchejte, dokud nezhnědne a JEN zkaramelizuje. Umístěte pánev do ledové vody, aby ztuhla, a poté na chladicí mřížku. Nastavte troubu. Do misky dejte rozinky a rybíz. Přidáme rum a podlijeme horkou vodou. Po 5 minutách sceďte.

c) Na karamel nasypte třetinu rozinek a rybízu. Položte plátky jablek zaoblenou stranou dolů a zabalené co nejblíže k sobě do kruhového vzoru. Posypeme zbylými rozinkami a rybízem.

d) Nakrájejte pečivo o 2 palce větší než pánev. Navrch položte pečivo a zastrčte po stranách a pod okrajem vnější řady jablek. Pečeme 30 minut a poté ještě horké vyklopíme na ozdobný plech.

e) Podávejte ještě teplé s čerstvě ušlehanou smetanou.

2. Cranberry Apple Tarte Tatin

SLOŽENÍ:
- 1 porce Pate Sucrée
- 5 velkých jablek
- Šťáva z jednoho citronu
- 4 lžíce másla
- ¾ šálku plus 1 polévková lžíce cukru
- ⅓ šálku brusinek (volitelné)

INSTRUKCE:
a) Začněte přípravou těsta. Vytvarujte jej do 5palcového disku, zabalte jej do plastu a dejte do chladničky alespoň na jednu hodinu nebo až tři dny.
b) Těsto vyndejte z lednice a na lehce pomoučeném povrchu ho vyválejte do 12palcového kruhu. Odstraňte přebytečnou mouku. Kolečko položte na plech vyložený voskem nebo pečicím papírem, zakryjte jej plastovým obalem a chlaďte, dokud nebude potřeba.
c) Předehřejte troubu na 400 stupňů Fahrenheita.
d) Každé jablko oloupejte, zbavte jádřince a rozkrojte napůl. Poté každou polovinu nakrájejte na tři části a plátky jablek vhoďte do citronové šťávy. Dejte je stranou.
e) V ohnivzdorné pánvi, asi 10 palců přes horní část, rozpusťte máslo, cukr a ¼ lžičky citronové šťávy. (Ujistěte se, že pánev má rukojeti odolné vůči troubě.) Směs míchejte, dokud nezíská světle karamelovou barvu. Dávejte pozor, abyste nepřevařili, protože zbytkovým teplem v pánvi bude nadále tmavnout. Odstraňte z tepla.
f) Plátky jablek naaranžujte zaoblenou stranou dolů, utvořte kruh kolem pánve a část položte doprostřed. Mezi plátky nasypte brusinky. Budete mít dostatek plátků, abyste je naskládali hluboko dva.
g) Vyjměte těsto z chladničky a vycentrujte ho nad pánví. Pomocí nůžek ořízněte kruh tak, aby kolem dokola přesahoval o ½ palce.
h) Okraj těsta opatrně zasuňte dolů mezi jablka a pánev. Těsto lehce potřeme studenou vodou a posypeme 1 lžící cukru.
i) Pečte asi 40 minut nebo dokud těsto nezezlátne.

j) Vyjměte pánev z trouby a nechte ji 5 minut odležet na chladící mřížce.
k) Umístěte servírovací misku na pánev a opatrně vyklopte koláč na talíř. (Nezapomeňte použít chňapku na ochranu ruky před rukojetí pánve.)
l) Podávejte svůj brusinkový jablečný tarte tatin se zázvorovou šlehačkou. Užívat si!

3.Javor Pekan Jablkový Tarte Tatin

SLOŽENÍ:
- 4 jablka (Honeycrisp nebo Gala)
- 75 gramů nesoleného másla (2½ unce)
- 100 gramů hnědého cukru (3½ unce)
- 2 lžíce javorového sirupu
- Hrst nasekaných pekanových ořechů
- List z listového těsta

INSTRUKCE:
a) Předehřejte troubu na 200°C/400°F/plyn značka 6. Jablka oloupejte, zbavte jádřince a nakrájejte na plátky.

KARAMELOVÁ JAVOROVÁ GLAZA:
b) Na pánvi vhodné do trouby rozpusťte máslo. Vmíchejte hnědý cukr a javorový sirup. Přidejte nakrájené pekanové ořechy. Uspořádejte plátky jablek.
c) Přikryjeme vrstvou listového těsta. Zastrčte okraje.
d) Pečte 20–25 minut, dokud těsto nezezlátne.
e) Vyklopte na servírovací talíř a nechte karamel a pekanové ořechy zakrýt jablka. Podávejte teplé.

4. Rustikální skořicový jablečný Tarte Tatin

SLOŽENÍ:
- 4 velká jablka (smíšené odrůdy)
- 100 gramů nesoleného másla (3½ unce)
- 150 gramů krystalového cukru (5,3 unce)
- 1 lžička mleté skořice
- Nahrubo tvarované listové těsto

INSTRUKCE:
a) Předehřejte troubu na 200°C/400°F/plyn značka 6. Jablka oloupejte, zbavte jádřince a nakrájejte na rustikální kousky.
b) Na pánvi vhodné do trouby rozpusťte máslo. Rovnoměrně posypeme cukrem a skořicí. Přidejte kousky jablka.
c) Zakryjte nahrubo tvarovaným listovým těstem, ponechte mezery pro rustikální vzhled.
d) Pečte 20–25 minut, nebo dokud těsto není zlatohnědé.
e) Vyklopte na talíř a nechte zkaramelizovaná jablka přetéct. Podávejte teplé.

5.Tarte Tatin z jablek a borůvek

SLOŽENÍ:
- 2 unce másla
- 2 unce moučkového cukru
- 1 lžička vanilkového cukru
- 4 Dezertní jablka
- 3 unce Borůvky mohou použít rozmražené zmrazené
- 1 Zabalte hotové vyválené listové těsto

INSTRUKCE:
a) Troubu předehřejte na 200°C.
b) Jablka oloupeme a poté je rozpůlíme. Vydlabejte jádro (zde se hodí balička na meloun) a opatrně odřízněte stonek a základnu, aby zůstal co nejdokonalejší půlměsícový tvar.
c) Ve 20cm / 8" formě na Tarte Tatin (nebo na pánvi vhodné do trouby) rozpusťte máslo na středním plameni.
d) Snižte teplotu a míchejte cukr, dokud nezačne karamelizovat (asi minutu).
e) Přidejte rozpůlená jablka a 10 minut vařte doměkka a otočte jablka, aby se obalila v karamelovém másle.
f) Plech sundejte z plotny a jablky řeznou stranou nahoru vsuňte do mezer borůvky.
g) Na jablka posypeme 1 lžičkou vanilkového cukru.
h) Nyní listové těsto rozvineme a celé propícháme vidličkou.
i) Těsto položte na jablka a zastřihněte nůžkami a nechte 2 cm přebytek.
j) Přebytečnou pastu přiklopte přes jablka.
k) Pečte na střední příčce trouby 25 minut, dokud těsto nezezlátne.
l) Nahoru položte servírovací talíř a obraťte, abyste mohli podávat, opatrně vyjměte plechovku.
m) Podávejte s kopečkem zmrzliny.

6.Tarte Tatin z jablka a tomelu

SLOŽENÍ:

- ¼ šálku (½ tyčinky) nesoleného másla
- ½ šálku cukru
- ½ vanilkového lusku, podélně rozpůlený
- ⅛ lžičky košer soli
- 1 polévková lžíce plus 1 lžička brandy, rozdělená
- 2 libry Pink Lady nebo jiná křupavá jablka, oloupaná, zbavená jádřinců, nakrájená na čtvrtky
- 1 libra kaki Fuyu (asi 4), oloupaná, rozpůlená
- 1 plát mraženého listového těsta, rozmražené
- Univerzální mouka (na posypání)
- 1 šálek husté smetany

INSTRUKCE:

a) Rozpusťte máslo v 11palcové pánvi na středním plameni, přičemž jeho strany potřete máslem, když se rozpouští. Spodní část pánve rovnoměrně posypte cukrem a vyškrábejte vanilková semínka; lusk si uschovejte pro další použití.

b) Vařte nerušeně, dokud není cukr rovnoměrně navlhčen, asi 1 minutu. Vmíchejte sůl a 1 polévkovou lžíci brandy, poté sundejte pánev z ohně.

c) Uspořádejte tolik jablek, kolik se vejde, zaoblenou stranou dolů, do pevně složeného kruhu kolem vnějšího okraje pánve; rezervujte si zbývající jablka. Střed vyplňte kaki, zaoblenou stranou dolů.

d) Vařte na středním plameni, dokud šťáva nezačne bublat, asi 2 minuty.

e) Snižte teplotu na středně nízkou a pokračujte ve vaření (jak se jablka vaří, budou se scvrkávat; zbývající syrová jablka šťouchněte do mezer a případné další kousky si ponechte pro další použití), dokud jablka nezměknou a karamel nebude mít sytě zlatou barvu, 35–40 minut.

f) Mezitím umístěte stojan do středu trouby; předehřejte na 400 °F. Pánev postavte na plech vyložený alobalem, aby zachytil případné kapky.

g) Na lehce pomoučené pracovní ploše rozválejte listové těsto a vyhlaďte záhyby. Nakrájejte na kolečko, které se těsně vejde a zarovná se uvnitř pánve. Přes jablka překryjte listové těsto. Pečte, dokud těsto není nafouknuté a zlatavě hnědé, 30–35 minut.

h) Přeneste pánev na mřížku a nechte asi 5 minut stát, dokud bublající karamel neutichne. Opatrně přejeďte nožem na máslo po okrajích pánve a potom otočte talíř se rtem přes pánev. Pomocí držáků na hrnce, které drží pánev a talíř těsně u sebe, otočte koláč na talíř.

i) Pomocí stolního nože nebo gumové stěrky přitlačte na dort veškeré ovoce, které se přilepí na pánev, a poté potřete přebytečný karamel v pánvi přes dort. Necháme vychladnout alespoň 15 minut.

j) Mezitím pomocí elektrického šlehače na středně vysokou rychlost ušlehejte ve velké míse smetanu na střední vrcholy a poté vmíchejte zbývající 1 lžičku brandy. Koláč podávejte se šlehačkou.

7.Jablečný Tarte Tatin z granátového jablka

SLOŽENÍ:
- 4–5 středně velkých jablek, oloupaných, zbavených jádřinců a nakrájených na plátky
- 1 šálek arils z granátového jablka
- 1 šálek krystalového cukru
- ½ šálku nesoleného másla
- 1 lžička vanilkového extraktu
- 1 list listového těsta, pokud je zmrazené, rozmražené
- Špetka soli

INSTRUKCE:
a) Předehřejte troubu na 375 °F (190 °C).
b) V žáruvzdorné pánvi na středním plameni rozpustíme máslo. Přidejte cukr a za stálého míchání vařte, dokud se cukr nerozpustí a nezmění se ve zlatý karamel. Buďte opatrní, abyste to nespálili.
c) Plátky jablek položte do kruhového vzoru na karamel a ujistěte se, že jsou pevně zabaleny. Pro vyvážení posypte jablka špetkou soli.
d) Granátové jablko rovnoměrně rozprostřete na jablka a vytvořte zářivý kontrast barev.
e) Ovoce pokapejte vanilkovým extraktem a nechte aromatickou esenci proniknout do pokrmu.
f) Vyválejte plát listového těsta tak, aby odpovídal velikosti vaší pánve. Položte jej na jablka a okraje jemně zastrčte, abyste vytvořili přiléhavé těsnění.
g) Pánev vložíme do předehřáté trouby a pečeme 25–30 minut, nebo dokud těsto není zlatavě hnědé a nafouknuté.
h) Opatrně vyjměte pánev z trouby. Umístěte servírovací talíř na pánev a pomocí chňapek dort rychle obraťte na talíř. Buďte opatrní, karamel může být horký.
i) Před krájením a podáváním nechte koláč několik minut vychladnout. Kombinace jablka, granátového jablka a karamelizované dobroty vytváří nádherný chuťový profil.
j) Podávejte s kopečkem vanilkové zmrzliny pro extra požitek.
k) Ozdobte posypem dalších granátových jablek pro nával svěžesti.

8. Jablečný zázvorový koláč vzhůru nohama

SLOŽENÍ:
- 3 lžíce másla nebo margarínu
- ¼ šálku Pevně zabaleného hnědého cukru
- 1 polévková lžíce Jemně nakrájeného zkrystalizovaného zázvoru
- 2 Uvařená jablka, oloupaná a nakrájená na tenké plátky
- 1 lžíce citronové šťávy
- ½ šálku másla nebo margarínu, změkčeného
- 1 šálek cukru
- 2 velká vejce
- 1 ½ šálku univerzální mouky
- 2 lžičky prášku do pečiva
- ½ lžičky soli
- ½ lžičky mleté skořice
- ½ šálku mléka
- ½ lžičky vanilkového extraktu

INSTRUKCE:

a) Předehřejte troubu na 350 °F (175 °C).

b) Vyčistěte litinovou pánev mýdlem a vodou a poté ji vložte do teplé trouby nebo na sporák na střední teplotu, dokud se zbývající voda neodpaří.

c) V předehřáté pánvi rozpustíme 3 lžíce másla. Sundejte pánev z ohně a na rozpuštěné máslo posypte hnědý cukr a jemně nasekaný zkrystalizovaný zázvor.

d) Na tenké plátky nakrájená jablka pokapejte citronovou šťávou a položte je na směs hnědého cukru a zázvoru na pánvi. Dát stranou.

e) V mixovací nádobě vyšlehejte ½ šálku změklého másla při střední rychlosti elektrickým šlehačem, dokud nebude krémová. Postupně přidávejte cukr, dobře šlehejte, dokud není směs hladká. Přidávejte vejce jedno po druhém a po každém přidání promíchejte.

f) V samostatné misce smíchejte univerzální mouku, prášek do pečiva, sůl a mletou skořici. Tuto suchou směs přidávejte do máslové směsi střídavě s mlékem, počínaje a konče moučnou směsí. Vmíchejte vanilkový extrakt, dokud se těsto dobře nespojí.

g) Těsto na dort rovnoměrně naneseme na naaranžovaná jablka v pánvi.

h) Koláč pečte v předehřáté troubě 35 až 40 minut nebo dokud dřevěné trsátko vložené do středu nevyjde čisté.

i) Po upečení nechte koláč 5 minut vychladnout na pánvi na mřížce. Poté opatrně otočte pánev na servírovací talíř, aby se koláč rozbalil.

j) Váš lahodný jablečný zázvorový koláč obrácený vzhůru nohama je nyní připraven k podávání a vychutnávání!

9.Jablečný ořechový dort naruby

SLOŽENÍ:
POLEVA:
- 3 lžíce nesoleného másla plus 1 lžička
- 8 malých sladkých jablek, oloupaných, zbavených jádřinců a nakrájených na osminky
- ½ šálku (baleného) světle hnědého cukru

DORT:
- ¼ libry nesoleného změkčeného másla
- 1 šálek cukru
- 2 velká vejce
- 1 ½ lžičky vanilkového extraktu
- 1 ¾ šálku univerzální mouky
- 2 lžičky prášku do pečiva
- ½ lžičky košer soli
- ½ šálku mletých vlašských ořechů
- ½ šálku mléka

INSTRUKCE:
a) Na polevu rozpusťte 1 lžičku másla ve střední litinové pánvi na středně vysoké teplotě.
b) Přidejte plátky jablek a restujte je, dokud nezkaramelizují asi 10 minut.
c) V malém hrnci smíchejte zbývající 3 lžíce másla a hnědý cukr a míchejte na mírném ohni, dokud se nerozpustí a dobře promísí.
d) 10palcovou dortovou formu s 3palcovými stranami vymažte máslem a na dno rovnoměrně rozetřete směs hnědého cukru. Karamelizované plátky jablek naskládejte do soustředných kruhů na směs hnědého cukru. Dát stranou.
e) Předehřejte troubu na 350 °F (175 °C).
f) Ve velké mixovací misce ušlehejte změklé máslo a cukr spolu s elektrickým mixérem do světlé a nadýchané hmoty. Přidejte vejce, jedno po druhém, šlehejte, dokud není směs světlá. Vmícháme vanilkový extrakt.
g) V samostatné misce smíchejte univerzální mouku, prášek do pečiva, košer sůl a mleté vlašské ořechy. Do vaječné směsi postupně

přidávejte suché ingredience, střídavě s mlékem, míchejte, dokud se vše nespojí.

h) Těsto rovnoměrně rozetřeme na naaranžované plátky jablek v dortové formě.

i) Koláč pečte v předehřáté troubě, dokud nevyskočí, když se dotknete středu, přibližně 1 hodinu.

j) Dort necháme 10 minut stát na pánvi. Poté koláč opatrně vyklopte na dortovou desku a nechte vychladnout.

k) Podávejte Apple Walnut Upside-Down Cake mírně teplý nebo při pokojové teplotě.

l) Vychutnejte si tento lahodný dezert s karamelizovaným jablečným polevou a ořechovou příchutí. Podává 8 až 10.

10. Jablečně-karamelový dort naruby

SLOŽENÍ:
- 1 velké jablko, oloupané, zbavené jádřinců a nakrájené na tenké plátky
- 10 lžic Sladké máslo, změklé
- 1 ¼ šálku granulovaného bílého cukru plus 3 polévkové lžíce
- 2 vejce
- 1 šálek pekanových ořechů, nakrájených
- 1 lžička skořice
- 2 šálky bílé pšeničné mouky
- 1 lžička prášku do pečiva
- ½ lžičky jedlé sody
- ¼ lžičky soli
- 1 šálek zakysané smetany
- ½ lžičky vanilkového extraktu

INSTRUKCE:
a) Jablko oloupeme, zbavíme jádřince a nakrájíme na tenké plátky. Rozpusťte 2 lžíce másla v 9palcové litinové pánvi na středně nízké teplotě. Přidejte plátky jablek a opékejte je, dokud nezvadnou asi 3 minuty. Plátky jablek přendejte na talíř.

b) Zvyšte teplotu na vysokou, přidejte do pánve ¼ šálku cukru a vařte za častého míchání, dokud se cukr nerozpustí a nezezlátne, asi 3 minuty. Sundejte pánev z ohně a poskládejte plátky jablek do kruhového vzoru přes dno. Pánev dejte stranou.

c) Nakrájejte pekanové ořechy a přidejte je se 3 lžícemi cukru a skořicí. Dát stranou.

d) Mouku prosejeme s práškem do pečiva, jedlou sodou a solí; dát stranou.

e) V míse ušlehejte zbylé změklé máslo do zesvětlení. Postupně zašlehejte 1 hrnek cukru, vejce (po jednom), zakysanou smetanu a vanilkový extrakt. Suché ingredience vmícháme do těsta.

f) Nastavte rošt trouby do střední polohy a předehřejte troubu na 350 °F (175 °C).

g) Polovinou pekanové směsi posypte jablka naaranžovaná v pánvi. Polovinu dortového těsta opatrně rozprostřete prsty nebo lžící na pekanové ořechy. Nasypte zbývající pekanovou směs na těsto a poté na pekanové ořechy rozetřete zbývající těsto.

h) Koláč pečte, dokud není vršek zlatavý a párátko zapíchnuté do středu nevyjde čisté, asi 45 minut.

i) Dort nechte 5 minut vychladnout na mřížce. Přejeďte malým nožem po okraji dortu a opatrně vyklopte dort na servírovací talíř. Pokud se na pánvi přilepí plátky jablek, uvolněte je nožem a položte je na dort.

j) Jablečno-karamelový koláč vzhůru nohama podávejte mírně teplý nebo při pokojové teplotě. Při pokojové teplotě ji můžete skladovat až 2 dny. Užívat si!

11. Jablečno-pekanový dort vzhůru nohama

SLOŽENÍ:
POLEVA:
- 2 unce nasekaných pekanových ořechů
- ¼ šálku másla
- 1 šálek světle hnědého cukru, balený
- 2 jablka Granny Smith, oloupaná, zbavená jádřinců a nakrájená na plátky

DORT:
- 1 šálek mouky
- 2 lžičky prášku do pečiva
- ½ lžičky mleté skořice
- ¼ lžičky soli
- 6 lžic másla, změklého
- ¾ šálku cukru
- 1 vejce
- ½ lžičky vanilkového extraktu
- 6 lžic mléka
- Volitelný:
- Šlehačka k podávání

INSTRUKCE:
a) Předehřejte troubu na 450 °F (230 °C) a opečte nakrájené pekanové ořechy na nevymaštěném plechu, dokud nebudou lehce zhnědnout asi 10 minut. Dávejte na ně pozor, abyste se nespálili. Vyjměte z trouby a dejte stranou.

b) V malém, těžkém kastrolu rozpustíme máslo. Přidejte světle hnědý cukr a vařte za stálého míchání, dokud se nerozpustí, asi 3 až 5 minut. Buďte opatrní, protože cukr se může snadno připálit.

c) Nalijte směs másla a cukru do 9palcové kulaté nepřilnavé dortové formy a rozprostřete ji tak, aby pokryla dno. Navrch máslovo-cukrové směsi přisypeme opečené nasekané pekanové ořechy. Nakrájená jablka naskládejte na pekanové ořechy do soustředných kruhů, které se mírně překrývají.

NA DORTOVÉ TĚSTO
d) Do samostatné mísy prosejeme mouku, prášek do pečiva, mletou skořici a sůl.

e) Elektrickým šlehačem šlehejte změklé máslo na střední rychlost, dokud nebude světlé a nadýchané. Přidejte cukr a pokračujte v šlehání, dokud se směs nestane krémovou, což může trvat 3 až 5 minut.
f) Přidejte vejce a vanilkový extrakt a pokračujte v šlehání, dokud se zcela nezapracuje.
g) Snižte rychlost mixéru na minimum a střídavě ve 3 přídavcích přidávejte moučnou směs a mléko. Míchejte, dokud se suché ingredience zcela nespojí, v případě potřeby zastavte, abyste oškrábali stěny mísy.
h) Na připravenou polevu v dortové formě opatrně nanášejte těsto na dort a rovnoměrně ho rozetřete.
i) Koláč pečte při 325 °F (165 °C), dokud nebude párátko zasunuté do středu čisté, asi 55 minut.
j) Koláč nechte 10 až 15 minut vychladnout na pánvi. Opatrně přejeďte stěrkou po okraji pánve a nechte dalších 10 až 15 minut odstát.
k) Pánev překlopte na velký talíř a nechte asi 3 minuty odstát. Opatrně vyjměte pánev a odhalte krásné uspořádání jablek a pekanových ořechů vzhůru nohama.
l) Jablečno-pekanový koláč obrácený vzhůru nohama podávejte teplý s čerstvou šlehačkou navrchu, pokud chcete. Užijte si tuto lahodnou pochoutku!

12.koláč vzhůru nohama

SLOŽENÍ:
NA OVOCE:
- 2 středně pevná pečící jablka, jako je Granny Smith nebo Jonagold
- 4 polévkové lžíce (½ tyčinky) nesoleného másla a více na pánev
- ½ šálku baleného světle hnědého cukru
- ¾ lžičky mleté skořice
- ½ lžičky košer soli
- 1 ¼ šálku čerstvých nebo mražených brusinek (nerozmrazovat)

NA DORT:
- 1 šálek krystalového cukru
- ¾ šálku zakysané smetany
- ½ šálku rostlinného oleje nebo 8 lžic rozpuštěného nesoleného másla
- 1 velké vejce
- 1 velký žloutek
- 2 lžičky vanilkového extraktu
- 1 ½ lžičky prášku do pečiva
- ¾ lžičky košer soli
- 1 ½ šálku univerzální mouky
- Vanilková zmrzlina, k podávání

INSTRUKCE:
UDĚLEJTE OVOCE:
a) Umístěte stojan doprostřed trouby a předehřejte na 350 ° F. Nesoleným máslem vymažte pouze strany 9palcové kulaté dortové formy.

b) Pečená jablka oloupeme, rozpůlíme a zbavíme jádřinců. Nakrájejte je na ⅛ až ¼ palce silné plátky (asi 2 šálky).

c) Do dortové formy dejte 4 lžíce nesoleného másla a pečte asi 3 minuty, dokud se nerozpustí. Opatrně vyjměte pánev z trouby a přidejte zabalený světle hnědý cukr, mletou skořici a košer sůl. Míchejte, dokud se cukr nerozpustí. Přidejte nakrájená jablka a brusinky a promíchejte, aby se obalila.

d) Vraťte pánev do trouby a pečte, dokud brusinky nezměknou a karamelová směs se nerozpustí 3 až 5 minut. Vyjměte pánev z trouby a jemně naaranžujte ovoce tak, aby rovnoměrně pokrylo dno pánve.

Zajistěte, aby některé brusinky byly přímo u dna pro atraktivní vzhled.
Při přípravě těsta na dort nechte trochu vychladnout.

UDĚLEJTE DORT:

e) Ve velké míse prošlehejte krystalový cukr, zakysanou smetanu, rostlinný olej nebo rozpuštěné nesolené máslo, vejce, vanilkový extrakt, prášek do pečiva a košer sůl, dokud se nespojí.

f) Pružnou stěrkou jemně vmíchejte univerzální mouku, dokud nezmizí poslední pruh. Pozor, nepřemíchat.

g) Těsto na dort seškrábněte do formy a jemně ho zatlačte směrem k okrajům, aby zcela zakrylo ovoce.

h) Pečte 20 minut, poté otočte a pečte dalších 20 minut, nebo dokud tester vložený do středu nevyjde čistý s několika vlhkými strouhankami.

i) Ihned po vyjmutí z trouby přejeďte tenkým nožem okraj pánve. Nechte dort 5 minut vychladnout, poté přes dort otočte servírovací talíř a opatrně jej otočte. Vyjměte dortovou formu, a pokud se na formu přilepí nějaké ovoce, opatrně jej vyjměte a položte zpět na vršek dortu.

j) Nechte dort vychladnout, dokud poleva trochu neztuhne, asi 30 minut, nebo na pokojovou teplotu. Podávejte s vanilkovou zmrzlinou. Vychutnejte si jablečný brusinkový koláč vzhůru nohama, ideálně v den, kdy je vyroben.

TATINY HRUŠKOVÉ A DUŘOVÉ

13. Tarte Tatin z javoru a hrušek

SLOŽENÍ:
- ½ (17,3 unce) balení mraženého listového těsta, rozmraženého
- ¼ šálku másla
- ⅓ šálku hnědého cukru
- ¼ lžičky mleté skořice
- 1 špetka mletého muškátového oříšku
- ¼ šálku javorového sirupu
- 4 středně pevné hrušky – oloupané, jadřinecké a rozpůlené

INSTRUKCE S:
a) Předehřejte troubu na 375 stupňů F (190 stupňů C).
b) Listové těsto rozválejte na lehce pomoučeném povrchu na tloušťku ¼ palce; umístit do lednice.
c) Rozpusťte máslo v 9palcové litinové pánvi na středním ohni; vmíchejte hnědý cukr, skořici a muškátový oříšek a vařte a míchejte, dokud se cukr nerozpustí, asi 5 minut. Míchat
d) javorový sirup do směsi hnědého cukru; vaříme, mícháme, dokud směs nezačne bublat.
e) Odstraňte pánev z tepla.
f) Umístěte jednu polovinu hrušky řeznou stranou nahoru do středu pánve. Zbylé půlky hrušek nakrájejte
g) znovu napůl; kolem středu hrušky naaranžujeme čtvrtky hrušek, řezem nahoru. Umístěte pánev na středně nízkou teplotu; vařte hrušky podlévejte sirupovou směsí, dokud nezačnou měknout, asi 5 minut. Odstraňte pánev z tepla.
h) Vyjměte listové těsto z chladničky; těsto položte na hrušky, okraje pečiva zastrčte kolem hrušek dovnitř pánve.
i) Pečte v předehřáté troubě, dokud těsto není nafouknuté a zlaté, asi 20 minut; nechte 5 minut vychladnout. Umístěte servírovací talíř na pánev; obrácením vyjmete koláč (pánev bude stále horká). Podávejte teplé.

14. Zázvorový koláč Tatin

SLOŽENÍ:
- 2 šálky cukru (rozdělené) plus další ⅓ šálku
- 8 pevných zralých hrušek (Bosc nebo Comice)
- 1 šálek másla, nakrájený na 16 kusů
- 3 lžíce oloupaného čerstvého zázvoru, mletého
- 1 nepečená skořápka koláče (10 nebo 11 palců)
- Creme Fraiche nebo zakysaná smetana (volitelné)

INSTRUKCE:
a) Ve středním hrnci se silným dnem smíchejte 2 hrnky cukru a 1 hrnek vody. Míchejte, aby se spojily. Hrnec postavte na vysokou teplotu, přiveďte k varu a vařte 15 až 20 minut, dokud směs nezačne měnit barvu. Směs by měla dosáhnout tmavě mahagonové barvy; pozor, ať se nespálí. Opatrně nalijte tuto směs do 10palcového skleněného koláčového talíře, naklánějte a otáčejte pánví, abyste zajistili, že všechny strany a dno jsou dobře potažené. Dejte to stranou.

b) Hrušky oloupeme, zbavíme jádřince a rozpůlíme. Umístěte 8 půlek hrušek do koláčového talíře v soustředném kruhu řezem nahoru, se zaobleným hruškovým dnem směrem ven, čímž vytvoříte vzor připomínající paprsky kola. Střed vyplňte ozdobnými kousky hrušky.

c) V malé misce smíchejte zbývající ⅓ šálku cukru a mletý zázvor. Hruškovou vrstvu posypeme polovinou zázvorového cukru a následně polovinou kousků másla.

d) Zbylých 8 půlek hrušek nahrubo nasekejte a rovnoměrně rozprostřete na první vrstvu. Navrch posypeme zbylým máslem a cukrem.

e) Vycentrujte kruh koláčové kůry přes koláčový talíř tak, aby byl alespoň 1-palcový přesah, a ořízněte všechny nerovné okraje. Přečnívající kůrku přehněte pod horní kruh kůrky a podle potřeby narýhujte nebo zmáčkněte okraj. Vyřízněte tři 1-palcové větrací otvory v krustě.

f) Koláč pečte ve středu plechu na sušenky nebo kulaté formy na pizzu při 425 °F po dobu 40 minut, nebo dokud nebude kůrka velmi křupavá.

g) Vyjměte koláč z trouby a položte jej na chladicí mřížku. Nechte 5 minut odstát.
h) Obraťte žáruvzdorný, hluboký servírovací talíř na koláčovou kůrku. Opatrně koláč otočte (buďte opatrní, protože z něj může vytéct horká šťáva). Koláčový talíř nechte na dortu přiležet, aby karamel na dně misky povolil a pokryl hrušky. Vyjměte koláčový talíř.
i) Dort podávejte s karamelovou omáčkou, která se nahromadí na servírovacím talíři. V případě potřeby můžete také přidat Creme Fraiche nebo zakysanou smetanu.
j) Užijte si svůj lahodný podzimní zázvorový koláč Tatin!

15. Hruška a vanilka naruby Palačinka

SLOŽENÍ:
- 1 vanilkový lusk, podélně rozpůlený
- ¼ šálku cukru
- ⅔ šálku univerzální mouky
- 1 lžička prášku do pečiva
- ½ lžičky jedlé sody
- ¼ lžičky soli
- ½ tyčinky nesoleného másla
- ½ šálku dobře protřepaného podmáslí
- 2 velká vejce
- 1 ½ pevných zralých hrušek Bosc nebo Bartlett (asi ¾ libry)
- 1 lžíce čerstvé citronové šťávy

INSTRUKCE:
a) Předehřejte troubu na 400 stupňů Fahrenheita. Vyškrábněte semínka vanilky z lusku do malé misky a přidejte cukr. Utřete cukr a semena dohromady, abyste semena uvolnili.

b) V samostatné míse prosejeme mouku, prášek do pečiva, jedlou sodu, sůl a 1 lžíci vanilkového cukru.

c) V dobře ochucené 10palcové litinové pánvi rozpusťte máslo na mírně mírném ohni a poté jej stáhněte z ohně. V samostatné misce si odložte 1 polévkovou lžíci rozpuštěného másla.

d) V jiné misce prošlehejte podmáslí, vejce a 1 lžíci rozpuštěného másla (zbývající máslo nechte na pánvi). Tuto směs vmíchejte do moučné směsi, dokud se nespojí. Těsto necháme 15 minut odstát.

e) Hrušky oloupejte a zbavte jádřinců a poté je podélně nakrájejte na ¼ palce silné klínky. Hrušky promíchejte se zbylým vanilkovým cukrem a čerstvou citronovou šťávou.

f) Plátky hrušek ozdobně naaranžujte na pánev s rozpuštěným máslem. K hruškám přisypte zbývající cukrovou směs a vařte na mírném ohni, dokud hrušky sotva změknou a cukr nezačne karamelizovat (asi 8 minut).

g) Těsto na palačinky rovnoměrně nalijte na hrušky v pánvi a pečte ve střední části trouby 15 minut.

h) Snižte teplotu trouby na 350 stupňů Fahrenheita a pečte dalších 15 minut, nebo dokud není vršek zlatavý a střed palačinky pevný na dotek.

i) Okamžitě přejeďte tenkým nožem po okraji pánve. Otočte talíř přes pánev a opatrně překlopte palačinku na talíř, přičemž talíř a pánev držte pevně přitisknuté k sobě. Opatrně zvedněte pánev z dortu a vyměňte veškeré ovoce, které se může přilepit na dno pánve.

j) Podávejte palačinku s hruškou a vanilkou vzhůru nohama se sirupem a vychutnejte si tuto lahodnou pochoutku!

16. Kdoule a kardamom Tarte Tatin

SLOŽENÍ:
- 2 kdoule, oloupané, zbavené jádřinců a nakrájené na plátky
- 75 gramů nesoleného másla (2½ unce)
- 100 gramů krystalového cukru (3½ unce)
- 6 lusků kardamomu, drcených
- List z listového těsta

INSTRUKCE:
a) Předehřejte troubu na 200°C/400°F/plyn značka 6.
b) Na pánvi vhodné do trouby rozpusťte máslo. Rovnoměrně posypeme cukrem. Přidejte drcené lusky kardamomu. Uspořádejte kdoule plátky.
c) Přikryjeme vrstvou listového těsta. Zastrčte okraje.
d) Pečte 20–25 minut, nebo dokud těsto není zlatohnědé.
e) Vyklopte na servírovací talíř a ujistěte se, že karamelizované kdoule a kardamom jsou nahoře. Podávejte teplé.

17. Kdoule a mandlový Tarte Tatin

SLOŽENÍ:
- 2 kdoule, oloupané, zbavené jádřinců a nakrájené na plátky
- 75 gramů nesoleného másla (2½ unce)
- 100 gramů krystalového cukru (3½ unce)
- ½ šálku nakrájených mandlí
- List z listového těsta

INSTRUKCE:
a) Předehřejte troubu na 200°C/400°F/plyn značka 6.
b) Na pánvi vhodné do trouby rozpusťte máslo. Rovnoměrně posypeme cukrem. Přidejte nakrájené mandle. Uspořádejte kdoule plátky.
c) Přikryjeme vrstvou listového těsta. Zastrčte okraje.
d) Pečte 20–25 minut, nebo dokud těsto není zlatohnědé.
e) Vyklopte na servírovací talíř a ujistěte se, že karamelizované kdoule a mandle jsou nahoře. Podávejte teplé.

18.Dort s medovou hruškou vzhůru nohama

SLOŽENÍ:
POLEVA
- 1 hruška (jako je Bartlett nebo Anjou), oloupaná a nakrájená na tenké plátky
- 1 lžíce mouky
- 2 lžičky strouhané pomerančové kůry
- 1 lžička mleté skořice
- ½ šálku medu

DORT
- 1 hrnek univerzální mouky
- 1 lžička prášku do pečiva
- ¼ lžičky jedlé sody
- ¼ lžičky soli
- ½ šálku medu
- 1 vejce
- 2 lžíce rozpuštěného másla nebo margarínu
- 2 lžíce čerstvé pomerančové šťávy

INSTRUKCE:
POLEVA
a) Plátky hrušek položte na dno vymazané 9palcové koláčové formy.
b) Plátky hrušek přisypeme mouku, nastrouhanou pomerančovou kůru a mletou skořici.
c) Hrušky a koření rovnoměrně pokapejte medem.
DORT
d) Ve velké míse smíchejte univerzální mouku, prášek do pečiva, jedlou sodu a sůl a dobře promíchejte.
e) V malé misce smíchejte med, vejce, rozpuštěné máslo nebo margarín a čerstvou pomerančovou šťávu a dobře promíchejte.
f) Přidejte medovou směs do moučné směsi a míchejte, dokud se nesmíchá.
g) Těsto na koláč rovnoměrně rozetřeme na hrušky a med v koláčové formě.
PEČENÍ
h) Pečte koláč při 375 stupních Fahrenheita (190 stupňů Celsia) po dobu 30 až 35 minut, nebo dokud není vršek pěkně zhnědlý.
i) Dort necháme 5 minut vychladnout na mřížce.
j) Otočte dort na servírovací talíř, abyste odhalili krásnou medovou hruškovou polevu.
k) Dort podávejte teplý a vychutnejte si lahodnou kombinaci sladkého medu, jemných hrušek a aromatické pomerančové kůry!

19. Vanilková pošírovaná hruška a medový Tarte Tatin

SLOŽENÍ:
- 4 zralé hrušky, oloupané, zbavené jádřinců a rozpůlené
- 75 gramů nesoleného másla (2½ unce)
- 100 gramů krystalového cukru (3½ unce)
- 1 vanilkový lusk, rozpůlený a oškrábaný
- 2 lžíce medu
- List z listového těsta

INSTRUKCE:
a) Předehřejte troubu na 200°C/400°F/plyn značka 6.
b) Vanilkové pošírování: V hrnci smíchejte máslo, cukr, vanilková semínka a med. Zahřívejte, dokud se cukr nerozpustí. Půlky hrušek pošír, dokud nebudou mírně měkké.
c) Přesuňte pošírované hrušky na pánev vhodnou do trouby. Nalijte na ně směs vanilky a medu. Přikryjeme vrstvou listového těsta. Zastrčte okraje.
d) Pečte 20–25 minut, nebo dokud těsto není zlatohnědé.
e) Vyklopte na servírovací talíř a ujistěte se, že karamelizované vanilkovo-medové hrušky jsou nahoře. Podávejte teplé.

20. Kdoule a skořice Tarte Tatin

SLOŽENÍ:
- 2 kdoule, oloupané, zbavené jádřinců a nakrájené na plátky
- 75 gramů nesoleného másla (2½ unce)
- 100 gramů krystalového cukru (3½ unce)
- 1 lžička mleté skořice
- List z listového těsta

INSTRUKCE:
a) Předehřejte troubu na 200°C/400°F/plyn značka 6.
b) Na pánvi vhodné do trouby rozpusťte máslo. Rovnoměrně posypeme cukrem. Přidejte mletou skořici. Uspořádejte kdoule plátky.
c) Přikryjeme vrstvou listového těsta. Zastrčte okraje.
d) Pečte 20–25 minut, nebo dokud těsto není zlatohnědé.
e) Vyklopte na servírovací talíř a ujistěte se, že karamelizované kdoule a skořice jsou nahoře. Podávejte teplé.

21. Šafrán a pistácie Hruška Tatin

SLOŽENÍ:
PRO KŮRU:
- 1 tyčinka (125 g) nesoleného másla, nakrájená na kostičky
- 2 ½ hrnku (300 g) univerzální mouky
- 1 velké vejce
- 1–2 lžičky vody

K NÁPLNĚ:
- 3–4 hrušky, oloupané a nakrájené na čtvrtky
- ½ šálku (100 g) cukru
- ¼ šálku (cca 50 g) nesoleného másla
- 1 g šafránu
- 1 hrst pistácií, drcených

INSTRUKCE:
a) Předehřejte troubu na 350 °F (180 °C) a vyložte 10palcovou (25-26 cm) jarní formu s odnímatelným dnem pečicím papírem. Vnější část formy zakryjte fólií.
b) Na koláč: máslo nakrájejte na kostičky a rychle smíchejte s moukou. Přidejte vejce a promíchejte dřevěnou špachtlí. Podle potřeby přidejte vodu (těsto musí být hladké a nelepivé) a vytvarujte pevné těsto. Zabalte do potravinářské fólie a odložte stranou.
c) Hrušky oloupeme a zbavíme jádřinců a poté je nakrájíme na čtvrtky. Displej uvnitř pružinové formy, zakřivená část se dotýká spodní části formuláře.
d) Cukr uvařte ve středním hrnci na mírném ohni, aniž byste se ho dotýkali. Když cukr začne lehce zlátnout, stáhněte z ohně a nalijte na hrušky. Posypeme máslem (nakrájeným na kostičky) a šafránem.
e) Těsto vyválejte do o něco většího kruhu, než je velikost pružinové formy, a poté jej položte na hrušky. Opatrně položte boky mezi hrušky a okraj formy. Ostrým nožem udělejte do kůrky několik zářezů, aby se nedostal vzduch.
f) Pečte asi 40-45 minut, dokud kůrka nezezlátne. Vyjměte z trouby a nechte mírně vychladnout, než tarte tatin otočíte dnem vzhůru na servírovací misku.
g) Na pánvi za stálého míchání opečte pistácie dozlatova a posypte tarte tatin. Podávejte s vanilkovou zmrzlinou nebo šlehačkou.

22. Hruška, čokoláda a oříškový Tatin

SLOŽENÍ:
- 320g balení hotového rolovaného listového těsta
- 70 gramů nesoleného másla
- 100 gramů moučkového cukru
- 1 lžička mletého badyánu
- 4-6 hrušek (oloupané, podélně rozpůlené a bez jádřince)
- 50 gramů pražených nasekaných lískových ořechů
- 50 gramů hořké čokolády (70 procent kakaové sušiny), nahrubo nasekané
- 1 vejce (lehce rozšlehané)

INSTRUKCE:
a) Předehřejte troubu na 180 °C (350 °F), plynová značka 4.
b) Než začnete vařit, těsto rozválejte.
c) Vezměte 20–23 cm (8–9 palců) žáruvzdornou pánev a vykrájejte z těsta kruh o velikosti pánve. Těsto položte na tác a dejte do lednice, dokud nebude potřeba.
d) Máslo a cukr dejte na pánev do trouby a vařte na mírném ohni 5–6 minut, dokud nezkaramelizuje. Přidejte badyán a promíchejte.
e) Sundejte pánev z plotny a položte hrušky řezem nahoru na karamel tak, aby jejich úzké konce zůstaly uprostřed. Hrušky potřete štětcem trochou karamelu. Pečte 30 minut, dokud hrušky nezměknou.
f) Do mezer mezi hruškami nasypte lískové oříšky, na ořechy pak nasypte čokoládu.
g) Nahoru položte kruh z pečiva a zastrčte ho dolů kolem hrušek
h) Nožem proveďte řezy po celém těle, aby se uvolnila trocha páry.
i) Vše potřeme rozšlehaným vejcem a pečeme 25–30 minut dozlatova. Před vyklopením na talíř nechte minutu odstát.
j) Nakrájejte a podávejte.

BANÁNOVÉ KOLÁČKY

23. Banánový dort vzhůru nohama

SLOŽENÍ:
- 9 ½ lžíce másla
- ½ šálku hnědého cukru
- 1 ½ šálku granulovaného cukru
- 1 šálek rozmačkaných banánů
- 2 vejce
- 1 lžíce vanilkového extraktu
- ¼ šálku tmavého rumu
- 2 šálky víceúčelové mouky
- 1 lžička jedlé sody
- ½ lžičky soli
- 1 lžička mleté skořice
- ½ lžičky muškátového oříšku
- ¼ lžičky mletého zázvoru
- ½ šálku zakysané smetany
- 2 velké nezralé banány, nakrájené na ⅓-palcové plátky
- 1 ¼ šálku vlašských ořechů, nalámaných

INSTRUKCE:

a) Předehřejte troubu na 350 °F (175 °C). V 10palcové pánvi vhodné do trouby rozpusťte na velmi mírném ohni 5 ½ lžic másla s hnědým cukrem.

b) Mezitím si ve velké mixovací misce utřeme zbylé 4 lžíce másla s krystalovým cukrem do světlé a nadýchané hmoty.

c) Do máslovo-cukrové směsi přidejte rozmačkané banány, vejce, vanilkový extrakt a tmavý rum. Míchejte, dokud se dobře nespojí.

d) V samostatné misce smíchejte univerzální mouku, jedlou sodu, sůl, mletou skořici, muškátový oříšek a mletý zázvor.

e) Postupně k banánové směsi přidávejte suché ingredience, střídavě se zakysanou smetanou, a míchejte, dokud se dobře nespojí.

f) Plátky banánu rozložte do pěkného vzoru na směs roztaveného hnědého cukru v pánvi. Navrch banány posypeme nalámanými vlašskými ořechy.

g) Těsto na dort rovnoměrně nalijeme na banány a vlašské ořechy.

h) Vložte pánev do předehřáté trouby a pečte 50 až 60 minut, nebo dokud nebude párátko zapíchnuté do středu čisté.

i) Okamžitě vyklopte dort na servírovací talíř s karamelizovanou banánovo-ořechovou polevou nyní nahoře.

j) Banánový koláč obrácený vzhůru nohama podávejte teplý, a pokud se cítíte shovívavě, doplňte ho kopečkem zmrzliny. Vychutnejte si tuto lahodnou pochoutku s lahodnou chutí banánů a vlašských ořechů!

24. Banánový ořechový dort naruby

SLOŽENÍ:
POLEVA:
- 1 šálek zlatohnědého cukru, balený
- ¼ šálku nesoleného másla
- 3 lžíce čistého javorového sirupu
- ¼ šálku vlašských ořechů, hrubě nasekaných
- 4 velké zralé banány, oloupané a nakrájené diagonálně; ¼-palcové plátky

DORT:
- 1 šálek mouky
- 2 lžičky prášku do pečiva
- ½ lžičky skořice
- ¼ lžičky soli
- ¾ šálku cukru
- 6 lžic nesoleného másla, pokojové teploty
- 1 velké vejce
- ½ lžičky vanilkového extraktu
- 6 lžic mléka
- Slazená šlehačka (volitelně)

INSTRUKCE:
a) Předehřejte troubu na 325 °F (160 °C).

K NÁPLNĚ:
b) V těžké střední pánvi smíchejte hnědý cukr a máslo. Míchejte na mírném ohni, dokud se máslo nerozpustí a směs se dobře promíchá.
c) Nalijte směs do 9-palcové dortové formy s 2-palcovými vysokými stranami a rozprostřete ji tak, aby pokryla dno formy. Cukrovou směs přelijte čistým javorovým sirupem a poté rovnoměrně posypte nasekanými vlašskými ořechy.
d) Plátky banánu rozložte do soustředných kruhů na ořechy, mírně se překrývají a zakryjí dno pánve.

NA DORT:
e) Ve střední míse smíchejte mouku, prášek do pečiva, skořici a sůl, aby se promíchaly.

f) V další střední misce ušlehejte cukr a máslo do krémova. Přidejte vejce a vanilkový extrakt a šlehejte, dokud nebude směs světlá a nadýchaná.
g) Ve třech přídavcích zašlehejte moučnou směs střídavě s mlékem.
h) Na aranžované banány v pánvi nalijte těsto na dort.
i) Koláč pečte v předehřáté troubě asi 55 minut nebo dokud tester zasunutý do středu koláče nevyjde čistý.
j) Přeneste koláč na chladicí mřížku. Přejíždějte nožem po stranách formy, aby se koláč uvolnil. Dort necháme 30 minut vychladnout na mřížce.
k) Na pánev položte talíř a koláč obraťte. Nechte 3 minuty odstát a poté pánev opatrně zvedněte.
l) Banánový ořechový dort obrácený vzhůru nohama podávejte teplý, a pokud chcete, doplňte ho oslazenou šlehačkou pro extra lahodnou pochoutku. Vychutnejte si báječnou kombinaci karamelizovaných banánů, vlašských ořechů a javorového sirupu v tomto lahodném dezertu!

25. Banánovo-ananasový dort vzhůru nohama

SLOŽENÍ:
- 3/8 šálku (6 lžic) másla
- ¾ šálku cukru
- 1 vejce
- ¾ šálku mléka
- 2 šálky univerzální mouky
- 2 lžičky prášku do pečiva
- ½ lžičky soli
- 1 rozmačkaný banán
- 1 šálek drceného ananasu
- ½ šálku sekaných ořechů
- ⅓ šálku másla
- ⅔ šálku hnědého cukru

INSTRUKCE:
a) Smetana 6 lžic másla a cukru. Přidejte rozšlehané vejce a dobře promíchejte.
b) V samostatné misce prosejeme univerzální mouku, prášek do pečiva a sůl.
c) Do máslové směsi postupně přidávejte suché ingredience, střídavě s mlékem. Míchejte, dokud se dobře nespojí.
d) Vmícháme rozmačkaný banán.
e) V samostatné malé pánvi rozpusťte ⅓ šálku másla a vmíchejte hnědý cukr.
f) Nalijte směs rozpuštěného másla a hnědého cukru na dno 8palcové čtvercové pánve nebo malé andělské pánve.
g) Na máslovo-cukrovou směs přidejte dobře okapaný drcený ananas a nasekané ořechy.
h) Těsto nalijte na ananasovo-oříškovou směs.
i) Pečte v předehřáté troubě na 350 stupňů Fahrenheita 20–30 minut, nebo dokud párátko zapíchnuté do středu nevyjde čisté.
j) Vychutnejte si svůj lahodný banánovo-ananasový dort vzhůru nohama!

26. Jednotlivé dorty s banánovými ořechy vzhůru nohama

SLOŽENÍ:
- 6 lžic nesoleného másla, změkčeného
- ⅓ šálku Pevně zabaleného tmavě hnědého cukru
- ¼ šálku Lehce opražených makadamových ořechů, nahrubo nasekaných
- 2 Pevné banány, oloupané a nakrájené na ¼ palce silné plátky
- ¾ šálku univerzální mouky
- ¾ lžičky prášku do pečiva
- ¼ lžičky skořice
- 1 špetka soli
- ¼ šálku granulovaného cukru
- 2 velká vejce
- ½ lžičky vanilky

INSTRUKCE:
a) Předehřejte troubu na 350 stupňů Fahrenheita.
b) V malém hrnci rozpusťte 4 lžíce másla a rozdělte je mezi čtyři hrnky na hrnek.
c) Na rozpuštěné máslo v každém ramekinu rovnoměrně posypeme tmavě hnědým cukrem a nasekanými makadamovými ořechy.
d) Položte plátky banánů na ořechy tak, aby se překrývaly.
e) V míse prošlehejte univerzální mouku, prášek do pečiva, skořici a sůl.
f) V samostatné misce utřete smetanu se zbývajícími 2 lžícemi změklého másla a krystalovým cukrem.
g) Jedno po druhém zašlehejte vejce a poté vmíchejte vanilku.
h) Vmíchejte suché ingredience a míchejte, dokud se těsto nespojí.
i) Těsto rovnoměrně rozdělte mezi čtyři ramekiny.
j) Přeneste ramekiny na plech a pečte 25 minut, nebo dokud nejsou koláče nafouknuté a dozlatova opečené.
k) Koláče nechte 5 minut vychladnout ve vykrajovátkách na mřížce.
l) Přejeďte ostrým nožem kolem okrajů ramekinů a opatrně vyklopte každý koláč na servírovací talíře.

BERRY A FÍKOVÉ TATINY

27. Fík, lískový oříšek a vanilkový Tarte Tatin

SLOŽENÍ:
- 50 g másla
- 50 g moučkového cukru
- 1 vanilkový lusk a semínka
- 6-7 obr
- 320g balení hotového rolovaného listového těsta
- 1 vejce, rozšlehané
- 25 g (1 unce) lískových ořechů, nasekaných a opražených

INSTRUKCE:
a) Předehřejte troubu na plynovou značku 6, 200°C, horkovzdušnou na 180°C. Máslo a moučkový cukr rozpustíme na 20 cm (8 palců) žáruvzdorné pánvi na středním ohni a poté přidáme vanilkový lusk a semínka. Kroužením dokola, dokud nezíská zlatavý karamel, pak vyjměte prázdný vanilkový lusk.

b) Fíky rozpůlte a vložte řeznou stranou dolů do pánve tak, aby těsně zakrývaly dno. Nechte 2 minuty vychladnout.

c) Listové těsto rozválejte a vykrojte kruh o 2 cm (1 palec) širší než forma. Položte fíky a zatlačte po stranách, aby se pečivo dotýkalo okraje. Propícháme vidličkou, potřeme rozšlehaným vejcem a pečeme 20-25 minut.

d) Nechejte 5–10 minut ochlazovat na pánvi, poté opatrně přejeďte ostrým nožem mezi pečivo a okraj, položte na něj servírovací talíř a pánev obraťte.

e) Posypeme lískovými oříšky k podávání.

28.Smíšený Berry Tarte Tatin

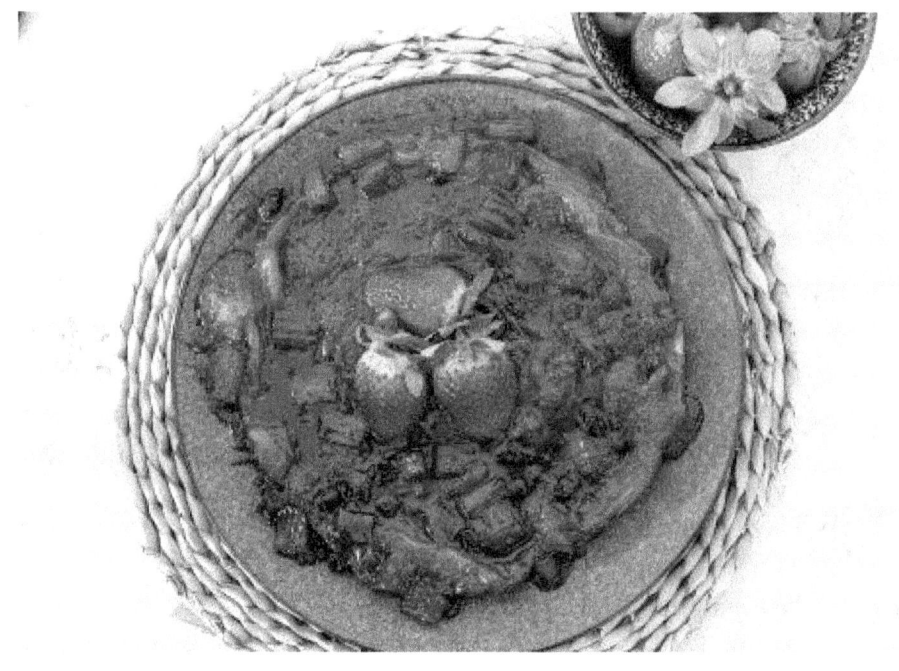

SLOŽENÍ:
- 2 šálky rozmixovaného ovoce (jahody, borůvky, maliny)
- 75 gramů nesoleného másla (2½ unce)
- 100 gramů krystalového cukru (3½ unce)
- 1 lžíce citronové šťávy
- List z listového těsta

INSTRUKCE:
a) Předehřejte troubu na 200°C/400°F/plyn značka 6.
b) Na pánvi vhodné do trouby rozpusťte máslo. Rovnoměrně posypeme cukrem. Přidejte rozmixované jahody a citronovou šťávu.
c) Přikryjeme vrstvou listového těsta. Zastrčte okraje.
d) Pečte 20–25 minut, nebo dokud těsto není zlatohnědé.
e) Vyklopte na servírovací talíř a nechte šťavnaté bobule zazářit. Podávejte teplé.

29. Malinový a jablečný Tarte Tatin

SLOŽENÍ:
- 4–5 středně velkých jablek, oloupaných, zbavených jádřinců a nakrájených na plátky
- 1 šálek čerstvých malin
- ½ šálku nesoleného másla
- 1 šálek krystalového cukru
- 1 lžička vanilkového extraktu
- 1 list listového těsta, pokud je zmrazené, rozmražené

INSTRUKCE:
a) Předehřejte troubu na 200 °C (400 °F).
b) Na pánvi vhodné do trouby nebo v misce Tarte Tatin rozpusťte máslo na středním plameni.
c) Na rozpuštěné máslo rovnoměrně nasypeme cukr.
d) Za občasného míchání nechte cukr zkaramelizovat, dokud nezíská zlatohnědou barvu.
e) Sundejte pánev z ohně a na zkaramelizovaný cukr poskládejte plátky jablek do kruhového vzoru.
f) Do mezer mezi plátky jablek dejte maliny.
g) Naaranžovaná jablka a maliny pokapejte vanilkovým extraktem.
h) Listové těsto rozválejte na pomoučené ploše tak, aby odpovídalo velikosti vaší pánve.
i) Opatrně položte listové těsto na ovoce, okraje po stranách zastrčte.
j) Přeneste pánev do předehřáté trouby a pečte 20–25 minut, nebo dokud není listové těsto zlatavě hnědé a nafouknuté.
k) Vyjměte pánev z trouby. Buďte opatrní, protože bude horko.
l) Položte servírovací talíř dnem vzhůru na pánev a opatrně obraťte Tarte Tatin na talíř. Karamelizované ovoce by nyní mělo být nahoře.
m) Před podáváním nechte Tarte Tatin několik minut vychladnout.
n) Plátky malinového a jablečného Tarte Tatin podávejte teplé, buď samotné, nebo s kopečkem vanilkové zmrzliny či kopečkem šlehačky.

30.Borůvka A Jablečný Tarte Tatin

SLOŽENÍ:
- 300g Celomáslové listové těsto
- Hladká mouka, na posypání
- 3 velká jablka
- 100 g moučkového cukru
- 100 g slaného másla (80 g chlazeného a nakrájeného na kostičky, 20 g rozpuštěného)
- 100 g mražených borůvek

INSTRUKCE:

a) Těsto rozválejte na tloušťku 3 mm nebo použijte hotové vyválené těsto, které má již správnou tloušťku. Z těsta vyřízněte 9palcový kruh pomocí talíře nebo pečicí formy jako vodítka a poté těsto několikrát propíchněte vidličkou.
b) Umístěte pečivo na tác a poté do mrazáku, zatímco budete dělat zbytek dortu.
c) Troubu předehřejte na 180C/160C horkovzdušnou
d) Jablka oloupejte, zbavte jádřince a rozčtvrťte, ačkoli podle tohoto receptu lze jablka nakrájet, jak chcete, protože mezery vyplní borůvky. Během přípravy karamelu dejte jablka stranou.
e) Vložte cukr do 8palcové pánve na smažení a položte na středně vysokou teplotu. Pokud nevlastníte pánev odolnou v troubě, nebojte se, karamel můžete udělat na pánvi a poté jej přenést do 8palcové zapékací formy a postupovat podle ostatních pokynů jako obvykle.
f) Cukr vařte 5–7 minut za častého míchání, dokud nezíská jantarovou barvu a nezačne kouřit. Sundejte z ohně a poté vmíchejte 80 g másla nakrájeného na kostičky.
g) Jakmile je máslo vmícháno do karamelu, je čas sestavit tarte Tatin. Začněte tím, že jablka rovnoměrně rozmístíte v karamelu, kulatou stranou dolů. Případné mezery vyplňte borůvkami a poté jemně přitlačte všechno ovoce. Ovoce potřete 20 g rozpuštěného másla a vložte do trouby.
h) Tarte Tatin pečte 10 minut, aby jablka změkla. Vyjměte z trouby a navrch položte zmrzlé pečivo. Pečte dalších 30–35 minut, nebo dokud těsto nezezlátne.
i) Nechte koláč hodinu ohřát na pokojovou teplotu, než přejeďte nožem po okraji.
j) Umístěte talíř na horní část pánve a poté opatrně otočte talíř i pánev.
k) Zvedněte pánev, abyste odhalili krásný koláč, který jste vyrobili.

31.Ostružiny a whisky jablka Tatin

SLOŽENÍ:
- 1 ¾ šálku univerzální mouky
- ¼ šálku cukru
- 7 lžic studeného másla (nakrájeného na malé kostičky/vločky)
- 1 špetka soli
- 1 špetka skořice
- Hladká mouka na posypání
- 5-7 uncí ostružin
- 3-4 středně velká jablka
- 2 lžíce whisky
- 2-3 lžíce citronové šťávy
- ¾ šálku cukru
- ½ lžičky skořice
- 5 lžic studeného másla (nakrájeného na malé kostičky/vločky)

INSTRUKCE:
a) Troubu předehřejte na 200°C.
b) Na křehkou kůrku rychle smíchejte mouku, cukr, vločky másla, sůl a skořici, dokud se nespojí v těsto.
c) Těsto zabalte do potravinářské fólie a dejte na 30 minut do lednice.
d) Jablka oloupeme, zbavíme jádřinců a každé nakrájíme na 8-12 měsíčků.
e) Klínky dejte do mísy a pokapejte citronovou šťávou.
f) Přidejte whisky a skořici.
g) Vezměte pánev se silným dnem a dno rovnoměrně posypte cukrem.
h) Umístěte na plotnu na střední teplotu, často otáčejte pánví a dávejte pozor, aby se cukr nepřipálil.
i) Cukr necháme zkaramelizovat. Je to asi správně, když se změní na zlatohnědou.
j) Sundejte z plotny a na dno pánve položte polovinu ostružin.
k) Na ně naaranžujte měsíčky jablek a na měsíčky jablek položte druhou polovinu ostružin.
l) Navrch nasypte vločky másla.

m) Poprašte čistý povrch a váleček moukou a vyválejte křehkou kůrčičku, dokud nebude dostatečně velká na to, aby zakryla plech na tarte.
n) Opatrně položte křehkou kůrku na horní část pánve.
o) Pečte v troubě asi 40 minut nebo dokud kůrka nezezlátne.
p) Pomocí pečicích rukavic vezměte talíř, který je větší než plech na tarte, a položte ho na pánev.
q) Držte talíř a pánev pevně u sebe, rychle a opatrně obě otočte tak, aby pánev byla nahoře a talíř dole. Pomalu vyjměte pánev. Tarte by měl být ponechán na místě podávání s ovocem nahoře.
r) Necháme pár minut vychladnout.
s) Podávejte teplé s vanilkovým ledem nebo pudinkem.

32.Broskvový A Ostružinový Tarte Tatin

SLOŽENÍ:
- ¾ šálku moučkového cukru
- 80 g másla, na kostky
- 2 lžíce vody
- 4-5 broskví, pecky odstraněny
- 200 g ostružin
- 400 g listového těsta
- Creme fraiche nebo zmrzlina k podávání

INSTRUKCE:
a) Předehřejte troubu na 200C.
b) Do těžké pánve, asi 23 cm, posypeme cukrem. Pomalu zahřívejte na nízkém stupni, aby se cukr rozpustil, občas zakružte do zlatohněda. Sundejte z plotny a přidejte máslo. Poté promíchejte vodou.
c) Broskve nakrájejte na čtvrtky a položte na karamel dužinou dolů. Ostružiny rozdělte do libovolných důlků a rozsypte na broskve.
d) Na lehce pomoučené lavici těsto vyválejte tak, aby odpovídalo vrchní části, aby přesahoval 2 cm. Nahoru nasaďte pečivo a zasuňte přesah. Vložte do trouby na 35 minut, dokud těsto nezezlátne a nenafoukne. Vyjměte a nechte 10–15 minut odpočinout, než opatrně překlopíte na servírovací talíř.
e) Podávejte s creme fraiche nebo zmrzlinou.

33. Třešňový dort vzhůru nohama

SLOŽENÍ:
POLEVA:
- ¼ šálku margarínu
- ½ šálku cukru
- 2 šálky višní

porce dortu:
- 1 ½ šálku mouky
- ½ šálku cukru
- 2 lžičky prášku do pečiva
- ½ lžičky soli
- 1 vejce
- ½ šálku mléka
- 3 lžíce Tuk, rozpuštěný

INSTRUKCE:
a) Předehřejte troubu na 400 stupňů Fahrenheita (200 stupňů Celsia).
b) V 9palcové pánvi rozpusťte ¼ šálku margarínu.
c) Přidejte višně smíchané s ½ šálkem cukru do rozpuštěného margarínu v pánvi a rovnoměrně je rozetřete.
d) Na dortovou část smíchejte v míse mouku, ½ hrnku cukru, prášek do pečiva a sůl.
e) K suchým ingrediencím přidejte rozšlehané vejce, mléko a rozpuštěný tuk a míchejte, dokud se dobře nespojí.
f) Těsto na dort rovnoměrně nalijte na třešně a cukr v pánvi.
g) Koláč pečte v předehřáté troubě asi 30 minut, nebo dokud párátko zapíchnuté do středu nevyjde čisté.
h) IHNED po upečení vyklopte dort na servírovací talíř, takže třešňová poleva je nyní na dortu.
i) Podávejte třešňový koláč vzhůru nohama teplý a vychutnejte si lahodnou chuť sladkých třešní a jemného koláče!

34.Blackberry Upside-Dol Cake

SLOŽENÍ:
- ¼ šálku hnědého cukru
- 2 lžíce másla
- 2 šálky ostružin
- ½ šálku margarínu nebo másla
- 1 ¾ šálku cukru
- 2 vejce
- 1 ½ šálku mouky
- 2 lžičky prášku do pečiva
- ½ lžičky soli
- 1 lžička vanilky
- šlehačka (na polevu)

INSTRUKCE:

a) Předehřejte troubu na 350 °F (175 °C).

b) V 8- nebo 9-palcové kulaté pánvi nebo železné pánvi zahřejte hnědý cukr a 2 lžíce másla na středním ohni, dokud se nerozpustí a nezačne bublat.

c) Do pánve přidejte ostružiny a za stálého míchání vařte, dokud směs znovu nezabublá.

d) K ostružinám přidejte ¾ šálku cukru a lehce je rozdrťte. Vařte dalších 5 minut, poté pánev sejměte z plotny a dejte stranou.

e) V samostatné misce smíchejte ½ šálku margarínu nebo másla se zbývajícím 1 šálkem cukru, dokud nebude směs světlá a krémová.

f) Vmícháme vejce.

g) V jiné míse smícháme mouku, prášek do pečiva a sůl. Tuto suchou směs přidávejte ke smetanové směsi másla a cukru střídavě s mlékem a po každém přidání promíchejte.

h) Vmíchejte vanilku.

i) Těsto na dort nalijeme na uvařené ovoce v pánvi.

j) Koláč pečte v předehřáté troubě 35 až 40 minut, nebo dokud párátko zapíchnuté do středu nevyjde čisté.

k) Koláč necháme stát na pánvi vlažný, poté přejeďte nožem po okraji formy a koláč opatrně vyklopte na velký talíř. Dávejte pozor, abyste ji nenechali příliš vychladnout, protože může být obtížné ji vyjmout z pánve.

l) Dort Blackberry Upside-Down doplňte šlehačkou a vychutnejte si tento lahodný dezert s bohatou chutí ostružin a máslového dortu!

35. Borůvkový dort vzhůru nohama

SLOŽENÍ:
POLEVA:
- 2 šálky Čerstvé borůvky
- ¾ šálku cukru
- 2 lžíce mouky
- 2 lžíce citronové šťávy

TĚSTO:
- ½ šálku Zeleninový tuk
- 1 šálek cukru
- 3 vejce
- Nastrouhaná kůra z jednoho pomeranče
- 1 ½ šálku hrubě nasekaných pekanových ořechů
- 1 lžička soli
- ¾ šálku mléka
- 2 šálky mouky
- 3 lžičky prášku do pečiva

INSTRUKCE:
a) Předehřejte troubu na 350 °F (175 °C) a vymažte pekáč o rozměrech 10 x 10 x 2 palce.

b) Smíchejte všechny přísady na polevu v míse a dobře promíchejte. Směs rozetřeme na dno vymazaného pekáče.

c) V samostatné misce důkladně smetanu zeleninovým tukem a 1 hrnkem cukru.

d) Přidejte vejce, jedno po druhém, po každém přidání zašlehejte.

e) Prosejeme 2 hrnky mouky, prášek do pečiva a sůl. Střídavě přidávejte suché přísady a mléko do smetanové tukové směsi, počínaje a konče suchými přísadami.

f) Vmícháme nasekané pekanové ořechy a nastrouhanou pomerančovou kůru.

g) Těsto nalijte na polevu v pekáči.

h) Koláč pečte v předehřáté troubě asi 45 minut, nebo dokud párátko zapíchnuté do středu nevyjde čisté.

i) Zatímco je koláč ještě horký, uvolněte okraje a vyklopte jej na talíř.

j) Borůvkový dort podle potřeby posypte moučkovým cukrem.

k) Dort podávejte teplý a vychutnejte si delikátní kombinaci borůvek a pomerančů v tomto lahodném dezertu!

36. Třešňový ananasový dort vzhůru nohama

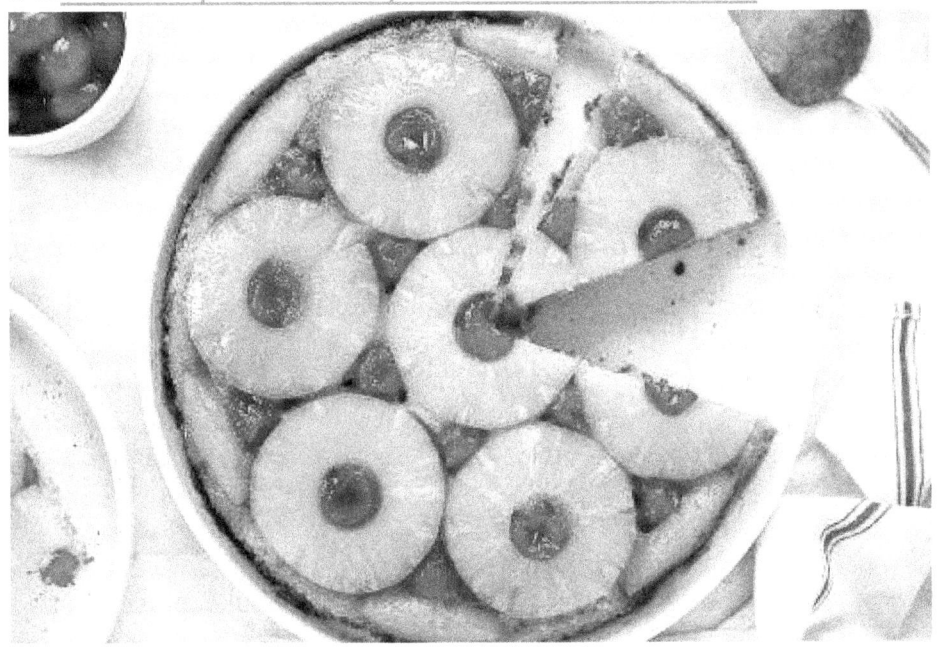

SLOŽENÍ:

- 2 hrnky univerzální mouky
- 1 ½ lžičky prášku do pečiva
- ½ lžičky soli
- 1 balení (12 uncí) kousky Nestlé Toll House s příchutí karamelu, rozdělené
- ¾ šálku másla, změklého, rozděleného
- 2 plechovky (8 uncí) nakrájeného ananasu, okapané, s rezervou ¾ šálku šťávy
- 8 třešní maraschino
- 1 šálek cukru
- 2 vejce

INSTRUKCE:

a) Předehřejte troubu na 350 stupňů Fahrenheita (175 stupňů Celsia).
b) Ve střední misce smíchejte univerzální mouku, prášek do pečiva a sůl. Tuto suchou směs dejte stranou.
c) V 10palcové litinové pánvi na mírném ohni smíchejte 1 šálek máslové příchuti Nestlé Toll House a ¼ šálku másla. Míchejte, dokud se sousta nerozpustí a směs nebude hladká. Odstraňte pánev z tepla.
d) Nakrájený ananas a třešně maraschino naaranžujte na pánev na rozpuštěnou směs máslových bonbónů.
e) Ve velké míse smíchejte cukr, zbývající ½ šálku změklého másla a vejce. Směs šlehejte, dokud nebude krémová.
f) Postupně přišlehejte moučnou směs střídavě s odloženými ¾ šálku ananasové šťávy.
g) Vmíchejte zbývající 1 šálek kousků Nestlé Toll House s příchutí karamelky.
h) Těsto nalijte na aranžovaný ananas a třešně v pánvi.
i) Koláč pečte v předehřáté troubě 35–40 minut, nebo dokud párátko zapíchnuté do středu nevyjde čisté.
j) Okamžitě otočte pánev na servírovací talíř, takže ananasový a máslový poleva je nyní na vrcholu dortu.
k) Podávejte Butterscotch Pineapple Upside-Down dort teplý a vychutnejte si nádhernou směs chutí v tomto báječném dezertu!

37. Tomel vzhůru nohama dort

SLOŽENÍ:

- ½ šálku másla
- 2 šálky světle hnědého cukru
- 1 vejce
- 2 hrnky univerzální mouky
- Špetka soli
- 2 lžičky prášku do pečiva
- 1 šálek dužiny kaki
- ½ šálku nasekaných ořechů
- 1 šálek vody

INSTRUKCE:

a) Předehřejte troubu na 350 stupňů Fahrenheita (175 stupňů Celsia).
b) Ve velké míse ušlehejte máslo a jeden šálek světle hnědého cukru, dokud nebude světlá a nadýchaná.
c) Vmíchejte vejce, dokud se dobře nespojí.
d) V samostatné misce prosejeme univerzální mouku, sůl a prášek do pečiva.
e) Do smetanové směsi přidávejte suché ingredience střídavě s dužinou kaki. Míchejte, dokud se nespojí.
f) Vmícháme nasekané ořechy. Těsto bude husté.
g) V malém hrnci zahřejte zbývající jeden šálek světle hnědého cukru s vodou, dokud se nevyvaří. Vařte jednu minutu.
h) Nalijte směs vařeného cukru do vymazané formy na bochník 9x5 palců.
i) Opatrně nalijte dortové těsto na cukrovou směs ve formě.
j) Koláč pečte v předehřáté troubě asi 40 minut, nebo dokud párátko zapíchnuté do středu nevyjde čisté.
k) Jakmile je koláč upečený, vyjměte jej z trouby a nechte několik minut vychladnout na pánvi.
l) Vyklopte koláč na servírovací talíř nebo talíř tak, aby byl karamelizovaný cukr a tomel nahoře.
m) Tomel podávejte teplý a vychutnejte si bohaté chutě tomelů a karamelizovaného cukru.

38. Malinový dort vzhůru nohama

SLOŽENÍ:
- ½ Přilepte margarín nebo máslo
- ¼ šálku cukru
- 1½ šálku malin
- 2 lžíce nakrájených mandlí
- 1½ šálku originální směsi na pečení Bisquick
- ½ šálku cukru
- ½ šálku mléka nebo vody
- 2 lžíce rostlinného oleje
- ½ lžičky vanilky
- ½ lžičky mandlového extraktu
- 1 vejce
- Slazená šlehačka nebo zmrzlina (volitelné)

INSTRUKCE:

a) Předehřejte troubu na 350 stupňů Fahrenheita (175 stupňů Celsia). Zahřejte margarín v kulaté pánvi, 9x1-½ palce, nebo čtvercové pánvi, 8x8x2 palce, v troubě, dokud se nerozpustí. Rozpuštěný margarín rovnoměrně posypeme ¼ šálku cukru. Maliny rozložte otevřenými konci nahoru na cukrovou směs a poté je posypte plátky mandlí.

b) Ve středně velké míse šlehejte zbylé ingredience (kromě šlehačky) při nízké rychlosti po dobu 30 sekund, přičemž mísu neustále škrábejte. Poté 4 minuty šlehejte na střední rychlost a mísu občas seškrábejte. Nalijte těsto na maliny do pánve.

c) Koláč pečte v předehřáté troubě 35 až 40 minut, nebo dokud nebude párátko zapíchnuté do středu čisté.

d) Okamžitě otočte pánev na žáruvzdorný servírovací talíř; nechte pánev nad koláčem několik minut. Vyjměte pánev. Před podáváním nechte koláč odstát alespoň 10 minut.

e) Malinový dort naruby podávejte teplý a podle potřeby jej ozdobte oslazenou šlehačkou nebo zmrzlinou.

f) Poznámka: Pokud chcete udělat Hruškový dort, můžete postupovat podle stejných kroků, ale proveďte náhrady uvedené v receptu s použitím hnědého cukru, nakrájených hrušek a nakrájených pekanových ořechů a přidáním mletého muškátu nebo skořice. Užijte si svůj lahodný dort!

TATINY CITRUSOVÉHO OVOCE

39. Pomerančový a karamelový Tarte Tatin

SLOŽENÍ:

- 4 velké pomeranče, oloupané a nakrájené na plátky
- 75 gramů nesoleného másla (2½ unce)
- 100 gramů krystalového cukru (3½ unce)
- 1 lžička pomerančové kůry
- List z listového těsta

INSTRUKCE:

a) Předehřejte troubu na 200°C/400°F/plyn značka 6.
b) Na pánvi vhodné do trouby rozpusťte máslo. Rovnoměrně posypeme cukrem. Přidejte kousky pomeranče a pomerančovou kůru.
c) Přikryjeme vrstvou listového těsta. Zastrčte okraje.
d) Pečte 20–25 minut, nebo dokud těsto není zlatohnědé.
e) Vyklopte na servírovací talíř a ujistěte se, že karamelizované pomeranče jsou nahoře. Podávejte teplé.

40. Rebarbora Orange Tarte Tatin

SLOŽENÍ:
- 1 plát mraženého máslového listového těsta rozmraženého
- 1 lžička pomerančové kůry nebo kůry z ½ pomeranče
- ⅔ šálku krystalového cukru + 1 polévková lžíce
- 2 lžíce kukuřičného škrobu
- 2 lžíce rozpuštěného másla
- 3 šálky nasekané čerstvé rebarbory

INSTRUKCE:
a) Chcete-li připravit, předehřejte troubu na 400 F a namažte 9-palcový kovový koláčový plech štědře máslem.
b) Smíchejte rebarboru, máslo, kukuřičný škrob a cukr (mínus 1 polévková lžíce) do mísy a promíchejte, aby se obalil.
c) V menší misce utřete pomerančovou kůru spolu s odloženou 1 lžící cukru, dokud se nesmíchá a neshlukuje.
d) Přidejte k rebarborové směsi a míchejte, dokud se nespojí.
e) Celou směs vyklopte na dno koláčové formy a rovnoměrně rozetřete, podle potřeby upravte do vzoru. Navrch dejte listové těsto, okraje těsta nezapomeňte zastrčit pod ovoce na okraji pánve.
f) Vršek bohatě propíchněte a do středu pánve nařízněte malý křížek, aby se odvětral.
g) Pečte v troubě 25 až 30 minut, nebo dokud těsto nezezlátne, nafoukne a nepropeče a ovoce pod ním nebude bublat.
h) Nechte 10 minut vychladnout na pánvi, než uvolníte okraj těsta nožem, poté jej rychlým pohybem vyklopte na servírovací talíř.
i) Naaranžujte libovolné ovoce a ihned podávejte se zmrzlinou.

41.Tarte Tatin z pomeranče a kardamomu

SLOŽENÍ:
- 2 až 3 pomeranče
- ½ šálku krystalového cukru
- 5 lžic másla, nakrájeného na kostičky a chlazeného
- Semínka ze 2 lžiček lusků kardamomu, lehce rozdrcených nebo hrubě mletých
- ½ (17,3 unce) balení mraženého listového těsta, rozmraženého
- Mouka, na posypání
- 1 šálek husté smetany ke šlehání, volitelně
- ¼ lžičky vanilkové pasty nebo extraktu, volitelné
- Med, volitelné, podle chuti

INSTRUKCE:
a) Zahřejte troubu na 350 stupňů.
b) Z každého pomeranče odřízněte konce a poté nakrájejte každý pomeranč na velmi tenké plátky. V případě potřeby semena odstraňte a vyhoďte. Dát stranou.
c) V 9- nebo 10palcové pánvi vhodné do trouby smíchejte 2 polévkové lžíce vody a cukru a krouživým pohybem navlhčete všechen cukr.
d) Umístěte pánev na střední teplotu a vařte, odolejte nutkání míchat, dokud se cukr nerozpustí a nezezlátne. Pokud se vaše pánev/sporák zahřívá nerovnoměrně, jemně zakružte pánví, ale vyvarujte se přílišnému míchání cukrové směsi, jinak by se vytvořily krystaly. Pokud se krystaly vytvoří, přidejte lžíci nebo dvě vody a pokračujte ve vaření, podle potřeby upravujte teplotu, dokud nebude směs jen zlatohnědá.
e) Sundejte pánev z ohně a jemně vmíchejte máslo a kardamom. Na karamel položte plátky pomeranče.
f) Listové těsto rozložte na lehce pomoučněnou plochu a vyválejte na ⅛ palce.
g) Uzavřete po celém povrchu hroty vidličky a poté těsto nakrájejte na kruh o něco větší, než je vaše pánev. Pomeranče zakryjte pečivem, okraje zastrčte.
h) Pečte 30 minut, nebo dokud těsto není zlatohnědé. Ochlaďte na pánvi 10 až 15 minut a poté opatrně vyklopte na servírovací talíř.

i) Pokud chcete, podávejte přelité kopečky šlehačky slazené medem.

ŠLEHAČKA SLAZENÁ MEDEM:

j) Ve střední misce vyšlehejte smetanu elektrickým šlehačem, dokud nebude docela hustá, ale bez vrcholů.

k) Přišlehejte velkou špetku nebo dvě mletého kardamomu, vanilkové pasty nebo extraktu a asi 1 polévkovou lžíci medu a šlehejte na střední vrcholy.

42. Miso pine lime tarte tatin

SLOŽENÍ:

- ⅓ šálku studeného soleného másla, nakrájeného na kostky
- ¾ šálku pevně zabaleného měkkého hnědého cukru
- 2 lžíce limetkové šťávy plus 1 lžíce jemně nastrouhané kůry
- 1 lžíce bílé miso
- 1 kg ananasu nakrájeného na kolečka o tloušťce 5 mm, poté oloupané a zbavené jádřinců
- ½ šálku opečených makadam, hrubě nasekaných
- 2 čtvercové pláty hotového mraženého listového těsta
- ½ hrnku kokosového jogurtu

INSTRUKCE:

a) Ve velké (25 cm) nepřilnavé pánvi na střední teplotu rozpusťte máslo, cukr, limetkovou šťávu a miso a přiveďte k varu. Po dávkách přidejte ananas a vařte, jednou otočte, dokud nezměkne (celkem 2-3 minuty). Plátky dejte stranou na plech vyložený pečicím papírem a nechte vychladnout. Sirup nalijte do džbánu a rezervujte.

b) Troubu předehřejte na 220°C/200°C horkovzdušná. Polovinu makadamových ořechů dejte do stejné pánve odolné vůči troubě, pak na ně dejte kolečka ananasu, které se překrývají. Navrch nalijte polovinu odloženého sirupu, poté přikryjte ovoce oběma pláty listového těsta, které po stranách zastrčte. Pečte do nafouknutí a zlatavé barvy, asi 25 minut.

c) K překlopení horké pánve na servírovací talíř použijte chňapky nebo nějaké praktické utěrky (toto lze obratně provést tak, že srovnáte pánev a talíř, uchopíte a překlopíte). Pozor: hrajete si s horkým karamelem.

d) Navrch dejte zbylé makadamové ořechy a limetkovou kůru. Podávejte teplé se zbylým sirupem a kokosovým jogurtem.

43. Krvavý pomeranč a kardamom Tarte Tatin

SLOŽENÍ:
- 4 krvavé pomeranče, oloupané a nakrájené na plátky
- 75 gramů nesoleného másla (2½ unce)
- 100 gramů krystalového cukru (3½ unce)
- 6 lusků kardamomu, drcených
- List z listového těsta

INSTRUKCE:
a) Předehřejte troubu na 200°C/400°F/plyn značka 6.
b) Na pánvi vhodné do trouby rozpusťte máslo. Rovnoměrně posypeme cukrem. Přidejte kousky krvavého pomeranče a drcené lusky kardamomu.
c) Přikryjeme vrstvou listového těsta. Zastrčte okraje.
d) Pečte 20–25 minut, nebo dokud těsto není zlatohnědé.
e) Vyklopte na servírovací talíř a ujistěte se, že karamelizované krvavé pomeranče a kardamom jsou nahoře. Podávejte teplé.

44. Clementine a mandlový Tarte Tatin

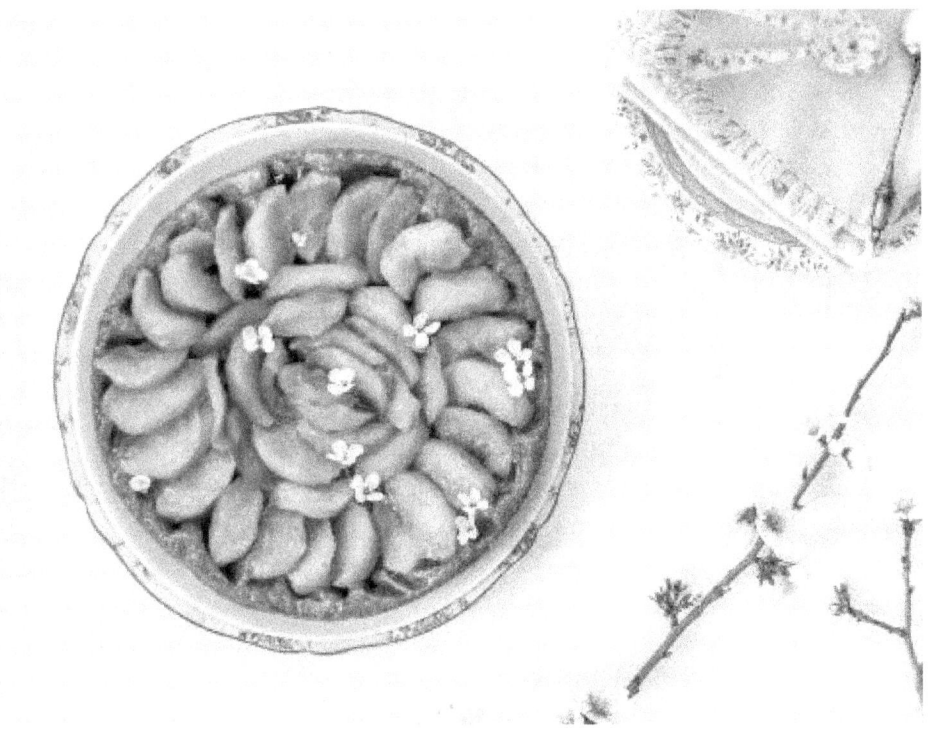

SLOŽENÍ:
- 6 klementinek, oloupaných a nakrájených
- 75 gramů nesoleného másla (2½ unce)
- 100 gramů krystalového cukru (3½ unce)
- ½ šálku nakrájených mandlí
- List z listového těsta

INSTRUKCE:
a) Předehřejte troubu na 200°C/400°F/plyn značka 6.
b) Na pánvi vhodné do trouby rozpusťte máslo. Rovnoměrně posypeme cukrem. Přidejte kousky klementinky a posypte plátky mandlí.
c) Přikryjeme vrstvou listového těsta. Zastrčte okraje.
d) Pečte 20–25 minut, nebo dokud těsto není zlatohnědé.
e) Vyklopte na servírovací talíř a ujistěte se, že karamelizované klementinky a mandle jsou nahoře. Podávejte teplé.

45. Grapefruit a estragonový dort vzhůru nohama

SLOŽENÍ:

- 1 grapefruit, oloupaný, oloupaný, zbavený semínek a nakrájený na kolečka
- ⅓ šálku cukru demerara
- ½ šálku nesoleného másla, rozpuštěného, plus navíc na vymaštění pánve
- 1 šálek světle hnědého cukru
- 2 velká vejce
- 1 lžička vanilkového extraktu nebo pasty z vanilkového lusku
- 1 hrnek mouky na koláč
- ¾ šálku žluté kukuřičné mouky
- 2 lžičky prášku do pečiva
- 1 lžička košer soli
- ½ svazku estragonu, zbaveného stopek a nakrájeného nadrobno

INSTRUKCE:

a) Předehřejte troubu na 350 °F. Osmipalcovou dortovou formu lehce vymažte tukem a dno vyložte pečicím papírem. Na pergamen rovnoměrně posypte cukr demerara.

b) Navrch rozložte plátky grapefruitu v rovnoměrné vrstvě, vyhněte se překrývání.

c) Pomocí stojanového mixéru vybaveného lopatkovým nástavcem rozmixujte rozpuštěné máslo a světle hnědý cukr, dokud se důkladně nespojí a mírně provzdušní.

d) Přidejte vejce, grapefruitovou kůru a vanilku a šlehejte na střední rychlost, dokud se dobře nespojí. Do směsi prosejeme koláčovou mouku, žlutou kukuřičnou mouku, prášek do pečiva a košer sůl.

e) Mixujte na středně nízké rychlosti, dokud nejsou suché přísady zcela začleněny. Vmícháme najemno nasekaný estragon.

f) Nalijte koláčové těsto na složené plátky grapefruitu v pánvi.

g) Koláč pečte 30 až 40 minut, v polovině pečení otočte pánví. Pro kontrolu propečenosti vložte do středu dortu párátko; když je dort hotový, měl by vyjít čistý. Jakmile je koláč hotový, vyjměte jej z trouby a přesuňte jej na chladicí mřížku. Necháme alespoň 15 minut odpočinout.

h) Po odležení dort opatrně překlopte na servírovací stojánek. Před podáváním nechte koláč úplně vychladnout. Případně dort pevně zabalte nebo vložte do vzduchotěsné nádoby a uložte jej do lednice až na 4 dny.

i) Dopřejte si lahodné chutě tohoto obráceného dortu s grapefruitem a estragonem, perfektní pochoutka pro každou příležitost nebo chuť na dezert. Užijte si rovnováhu pikantního grapefruitu a jemných bylinných tónů estragonu, to vše krásně prezentované v tomto obráceném dortu.

46. Kumquat Upside-Down Cake

SLOŽENÍ:
- 1½ libry kumquatů, napůl
- 1 tyčinka (4 unce | 113 g) nesolené máslo
- ¾ šálku světle hnědého cukru
- 3 polévkové lžíce medu
- ½ lžičky vanilky
- ½ lžičky soli
- 1⅓ šálku univerzální mouky
- 1½ lžičky prášku do pečiva
- ¾ lžičky soli
- 1 šálek (8 uncí | 226 g) nesoleného másla, změkčeného
- 1⅓ šálku cukru
- 5 vajec, pokojová teplota
- 1 lžička vanilky

INSTRUKCE:
a) Předehřejte troubu na 325ºF (163ºC).
b) Ve velké litinové pánvi rozpusťte na středním plameni máslo, dejte pozor, aby se nepřipálilo.
c) Přidejte světle hnědý cukr a míchejte, dokud se dobře nepromísí.
d) Odstraňte z ohně a přidejte vanilku, med a sůl, míchejte, aby se spojily.
e) Rozpůlené kumquaty položte v jedné vrstvě na karamelovou směs v pánvi. Vložte co nejvíce kumquatů, ale vyhněte se přeplnění, aby během pečení nepřeteklo.
f) Ve velké míse ušlehejte změklé máslo a cukr, dokud nebude nadýchaná. Přidávejte vejce jedno po druhém a po každém přidání šlehejte na vysokou rychlost. Vmíchejte vanilku.
g) V samostatné misce prosejeme univerzální mouku, prášek do pečiva a sůl. Postupně přidávejte suché ingredience k mokrým a míchejte při nízké rychlosti, dokud se dobře nespojí.
h) Opatrně lžičkou nebo nalijte dortové těsto na kumquaty v pánvi, aby se ovoce neporušilo. Těsto rovnoměrně uhladíme přes kumquaty.
i) Koláč vložte do předehřáté trouby na střední mřížku. Pečte asi 1 hodinu, po 45 minutách zkontrolujte propečenost. Pomocí párátka

otestujte propečenost středu dortu. Po upečení přejeďte nožem na máslo po okrajích formy, aby se koláč uvolnil.

j) Koláč nechte vychladnout na pánvi asi 30 minut. Na litinovou pánev položte velký talíř nebo servírovací talíř lícem dolů a opatrně otočte dort dnem vzhůru na talíř, abyste odhalili karamelizovanou polevu kumquatu.

k) Podávejte a vychutnejte si lahodný Kumquat Upside-Down Cake, lahodnou variantu klasického dezertu, který zapůsobí na vaše hosty a nechá je mít ještě větší chuť. Užívat si!

47.Meyer Citronový dort vzhůru nohama

SLOŽENÍ:
- ¼ šálku (57 gramů) nesoleného másla
- ¾ šálku (165 gramů) baleného světle hnědého cukru
- 3 Meyerovy citrony, nakrájené na ¼ palce silné
- 1 ½ šálku (195 gramů) univerzální mouky
- 1 ½ lžičky prášku do pečiva
- ¼ lžičky jedlé sody
- ½ lžičky košer soli
- ¼ lžičky čerstvě mletého muškátového oříšku
- ½ lžičky mletého zázvoru
- ¼ lžičky mletého kardamomu
- 1 šálek (200 gramů) krystalového cukru
- 2 lžičky citronové kůry
- ½ šálku (114 gramů) nesoleného másla, pokojová teplota
- 2 lžičky vanilkového extraktu
- 2 velká vejce, pokojová teplota
- ¾ šálku podmáslí

INSTRUKCE:
a) Předehřejte troubu na 350 stupňů Fahrenheita (175 stupňů Celsia). Vložte 9palcovou kulatou dortovou formu do trouby s ¼ šálku másla nakrájeného na kousky. Rozpusťte máslo na pánvi, dokud se nerozpustí. Rozpuštěné máslo potřeme po stranách pánve pomocí cukrářského štětce. Na rozpuštěné máslo rovnoměrně posypte balený světle hnědý cukr.
b) Na hnědý cukr položte plátky citronu Meyer a podle potřeby je překryjte.
c) Ve střední míse smíchejte univerzální mouku, prášek do pečiva, jedlou sodu, košer sůl, čerstvě mletý muškátový oříšek, mletý zázvor a mletý kardamom, dokud se dobře nespojí.
d) Do mísy stojanového mixéru dejte krystalový cukr. Přidejte citronovou kůru na cukr a kůru do cukru vetřete prsty. K cukru přidejte nesolené máslo pokojové teploty a vanilkový extrakt. Směs šlehejte na střední rychlost, dokud nebude světlá a nadýchaná, přibližně 3 až 4 minuty.

e) Přidávejte vejce jedno po druhém a po každém přidání dobře prošlehejte.
f) Do směsi másla a cukru přidejte polovinu moučné směsi. Míchejte při nízké rychlosti, dokud se dobře nespojí. Po stranách mísy může být trochu mouky, což je v pořádku.
g) Nalijte podmáslí a míchejte na střední rychlost, dokud se nespojí.
h) Přidejte zbývající moučnou směs a míchejte při nízké rychlosti, dokud se nespojí. Stěrkou oškrábejte stěny a dno mísy a míchejte dalších 10 sekund, aby se všechny ingredience dobře spojily.
i) Těsto jemně nalijte na nakrájené citrony v dortové formě a povrch uhlaďte odsazenou stěrkou.
j) Dort pečte v předehřáté troubě přibližně 45 minut, nebo dokud tester dortů nevyjde po vložení do středu dortu čistý.
k) Dort necháme 10 minut vychladnout na pánvi. Přejeďte nožem po okrajích, aby se dort uvolnil, a poté jej obraťte na talíř. Na dortu budou krásně karamelizované plátky citronu Meyer.
l) Užijte si tento nádherný Meyer Lemon Upside-Down Cake s jeho třpytivými citrusovými drahokamy navrchu!

48. Oranžový tvarohový koláč vzhůru nohama

SLOŽENÍ:
- 1 obálka neochucené želatiny
- 1 ½ šálku neslazené pomerančové šťávy
- ¼ šálku cukru
- 2 šálky oranžové části
- 1 obálka neochucené želatiny
- ½ šálku neslazené pomerančové šťávy
- 24 uncí smetanového sýra, změkčeného
- 1 hrnek cukru
- 2 lžičky nastrouhané pomerančové kůry
- 1 hrnek šlehačky
- 1 šálek vanilkové oplatkové drobenky
- ½ lžičky skořice
- 3 lžíce rozpuštěného margarínu

INSTRUKCE:

a) Změkčte první obálku želatiny v 1 ½ šálku neslazené pomerančové šťávy. Přidejte ¼ šálku cukru a míchejte na mírném ohni, dokud se nerozpustí. Směs chlaďte, dokud mírně nezhoustne, ale neztuhne.

b) Uspořádejte oranžové části na dno 9palcové pružinové formy. Nalijte želatinovou směs na pomeranče a chlaďte, dokud znovu nezhoustne, ale neztuhne.

c) Změkčte druhý obal želatiny v ½ šálku neslazené pomerančové šťávy. Míchejte na mírném ohni, dokud se nerozpustí.

d) V samostatné míse smíchejte smetanový sýr, 1 šálek cukru a nastrouhanou pomerančovou kůru. Mixujte při střední rychlosti pomocí elektrického mixéru, dokud se dobře nerozmixuje.

e) Postupně přidávejte rozpuštěnou směs želatiny do směsi smetanového sýra a míchejte, dokud se dobře nespojí. Směs chlaďte, dokud mírně nezhoustne.

f) Šlehačku vmícháme do tvarohové směsi.

g) Nalijte směs smetanového sýra na pomeranče v pánvi. Cheesecake vychlaďte.

h) Smíchejte drobky vanilkové oplatky, skořici a rozpuštěný margarín. Tuto směs jemně přitlačte na vršek cheesecaku.

i) Cheesecake chlaďte, dokud neztuhne.

j) Uvolněte cheesecake z okraje pánve a překlopte jej na servírovací talíř. Před podáváním odstraňte okraj pánve.

k) Vychutnejte si svůj lahodný pomerančový tvarohový koláč vzhůru nohama! Je to dokonalý dezert, který spojuje smetanové a citrusové chutě pro lahodnou pochoutku.

49. Dort s citronovým pudinkem vzhůru nohama

SLOŽENÍ:
- ¼ šálku nakrájených mandlí
- 4 vejce; Oddělte žloutky
- 1 šálek cukru; Rozdělený
- 3 lžíce másla; Změkčený
- 3 lžíce mouky
- ⅛ lžičky soli
- ⅓ šálku čerstvě vymačkané citronové šťávy
- 1 šálek nízkotučného mléka
- Strouhaná kůra z ½ citronu

INSTRUKCE:
a) Předehřejte troubu na 325 stupňů Fahrenheita (160 stupňů Celsia). Potřete vnitřek 1½litrové skleněné zapékací misky sprejem na vaření s příchutí másla. Na dno kastrolu posypeme plátky mandlí.

b) Ve střední misce elektrickým mixérem vyšlehejte bílky při vysoké rychlosti, dokud se nevytvoří měkké vrcholy. Postupně přidávejte ¼ šálku cukru a šlehejte, dokud se nevytvoří tuhé vrcholy; dát stranou.

c) Pomocí stejných šlehačů ušlehejte máslo a zbývající ¾ šálku cukru ve velké míse. V malé misce dobře prošlehejte žloutky a důkladně je prošlehejte do máslové směsi.

d) Do máslové směsi přidejte mouku, sůl a citronovou šťávu a dobře prošlehejte. Vmíchejte mléko a nastrouhanou citronovou kůru, dokud se nesmíchá.

e) Do těsta vmíchejte ⅓ ušlehané bílkové směsi a poté opatrně vmíchejte zbývající bílky.

f) Těsto nalijte do připravené zapékací misky na mandle.

g) Vložte kastrol do mělkého pekáče naplněného 1 palcem horké vody.

h) Bábovku pečte odkrytou v předehřáté troubě 50 až 55 minut, nebo dokud není vršek zlatavě hnědý a po lehkém dotyku prstem nevyskočí.

i) Opatrně vyjměte kastrol z vody a nechte 20 až 30 minut odstát.

j) Citronový pudinkový dort vzhůru nohama podávejte vychlazený. Podle potřeby každou porci ozdobte plátky citronu a lístky čerstvé máty. Užívat si!

50.Ovocný koktejl Upside-Down Cake

SLOŽENÍ:
- ½ šálku margarínu
- 1 šálek hnědého cukru
- 28 uncí ovocný koktejl, scezený
- 1 balení směsi citronového koláče
- Šlehačka k podávání

INSTRUKCE:
a) Předehřejte troubu na 350 °F (175 °C).
b) V pekáči o rozměrech 13 x 9 palců rozpusťte v troubě margarín.
c) Rozpuštěný margarín rovnoměrně posypeme hnědým cukrem.
d) Scezený ovocný koktejl rozetřete na vrstvu hnědého cukru.
e) Připravte směs citronového koláče podle pokynů na obalu.
f) Opatrně potřete koláčovým těstem vrstvu ovocného koktejlu v pánvi.
g) Koláč pečte v předehřáté troubě asi 45 až 50 minut, nebo dokud párátko zapíchnuté do středu koláče nevyjde čisté.
h) Nechte dort 5 minut stát na pánvi, aby poleva lehce ztuhla.
i) Překlopte dort na velký talíř nebo plech na sušenky, aby byla ovocná poleva nahoře.
j) Dort podávejte teplý nebo pokojové teploty přelitý šlehačkou.

51. Zimní citrusový dort vzhůru nohama

SLOŽENÍ:
- 2 krvavé pomeranče
- 2 pupeční pomeranče
- 1 tangelo, malý grapefruit nebo jiný citrus dle výběru
- ½ šálku krystalového cukru
- ¼ šálku vody
- ½ šálku másla, pokojová teplota
- ⅓ šálku bílého cukru
- ⅓ šálku hnědého cukru
- 2 velká vejce, pokojová teplota
- 3 lžíce čerstvě vymačkané pomerančové šťávy
- 1 lžíce pomerančové kůry
- 1 lžíce vanilkového extraktu
- 1 ½ šálku plus 1 polévková lžíce univerzální mouky
- 1 lžička prášku do pečiva
- ¼ lžičky jedlé sody
- ½ lžičky soli
- ⅔ šálku obyčejného netučného nebo nízkotučného jogurtu

INSTRUKCE:
a) Předehřejte troubu na 350 °F (175 °C). Vyložte 9palcovou dortovou formu pečicím papírem tak, aby pokrýval dno a šel po stranách formy.
b) Přeložte pergamenový papír tak, aby obepínal okraje pánve jako klobouk vzhůru nohama. Nastříkejte nepřilnavým sprejem.
c) Krvavé pomeranče, pupkové pomeranče a tangelo (nebo jiné citrusy) nakrájejte na ½ palce silné plátky a nechte kůži. Opatrně odstraňte slupku z plátků citrusů pomocí odřezávacího nože a odřízněte vnější kroužek. Tato metoda pomůže zachovat plátky citrusů neporušené a zabrání tomu, aby se při krájení rozpadly.
d) Krystalový cukr a vodu ohřívejte v mikrovlnné troubě, dokud se cukr úplně nerozpustí, asi 45 sekund.
e) Na dno připravené dortové formy nalijte polovinu cukrové vody a na dno uložte připravené citrusové plody.
f) Po úpravě citrusy zalijte zbylou cukrovou vodou. Dát stranou.

g) Ve velké míse ušlehejte máslo, bílý cukr a hnědý cukr, dokud nebude světlá a nadýchaná. Přidejte vejce, pomerančovou šťávu, pomerančovou kůru a vanilkový extrakt.

h) V samostatné misce smíchejte univerzální mouku, prášek do pečiva, jedlou sodu a sůl. Šlehejte, aby se spojily. Pomalu střídavě přidávejte moučnou směs a jogurt do mokrých surovin, dokud se vše nespojí. Směs bude hustá.

i) Těsto nalijte na připravené plátky citrusů v dortové formě a rovnoměrně rozprostřete k okrajům.

j) Pečte 35 minut, poté nechte koláč úplně vychladnout, než ho vyklopíte na servírovací tác.

k) Vychutnejte si tento lahodný zimní citrusový dort Upside-Down s nádhernou kombinací citrusových chutí!

52.Whisky-Yuzu Savarin Upside-Down Cake

SLOŽENÍ:
NA SAVARINSKÝ DORT:
- 2 hrnky univerzální mouky
- ¼ šálku krystalového cukru
- 2 ¼ lžičky aktivního sušeného droždí
- ½ lžičky soli
- ½ šálku plnotučného mléka, vlažného
- 3 velká vejce, pokojové teploty
- ¼ šálku nesoleného másla, změkčeného
- ¼ šálku whisky
- Kůra z 1 citronu
- ¼ šálku šťávy yuzu

NA PALOVANÝ CITRÓN VRCHNĚNÝ POLEVA:
- 2-3 citrony, nakrájené na tenké plátky
- ½ šálku krystalového cukru

NA SIRUP WHISKY:
- ½ šálku vody
- ½ šálku krystalového cukru
- ¼ šálku whisky

INSTRUKCE:
NA PALOVANÝ CITRÓN VRCHNĚNÝ POLEVA:
a) Předehřejte troubu na 350 °F (175 °C).
b) V 9palcové kulaté dortové formě rovnoměrně rozprostřete krystalový cukr, aby pokryl dno.
c) Na cukr položte plátky citronu a mírně je překryjte.
d) Pekáč vložíme do předehřáté trouby a pečeme asi 15–20 minut, nebo dokud cukr nezkaramelizuje a plátky citronu se nespálí. Vyjměte z trouby a dejte stranou.

NA SIRUP WHISKY:
e) V hrnci smíchejte vodu a krystalový cukr. Přiveďte k varu a míchejte, dokud se cukr nerozpustí.
f) Sundejte z ohně a vmíchejte whisky. Sirup dejte stranou, aby vychladl.

NA SAVARINSKÝ DORT:
g) Ve velké míse prošlehejte mouku, krupicový cukr, droždí a sůl.

h) V samostatné misce prošlehejte vlažné mléko a vejce.
i) Mléčnou směs postupně nalévejte do suchých surovin a míchejte, dokud se dobře nespojí.
j) Přidejte změklé máslo, whisky, citronovou kůru a šťávu z yuzu. Míchejte, dokud není těsto hladké a dobře promíchané.
k) Mísu přikryjte plastovou fólií a nechte těsto na teplém místě kynout asi 1 hodinu nebo dokud nezdvojnásobí svůj objem.
l) Montáž a pečení:
m) Předehřejte troubu na 350 °F (175 °C).
n) Jemně nalijte whisky sirup na polevu spáleného citronu dnem vzhůru v dortové formě.
o) Vykynuté savarinové těsto opatrně nalijeme na citronovou polevu.
p) Pečte v předehřáté troubě 25–30 minut, nebo dokud koláč nezezlátne a párátko zapíchnuté do středu nevyjde čisté.

DOKONČOVACÍ ÚPRAVY:
q) Koláč vyndejte z trouby a nechte asi 10 minut vychladnout ve formě.
r) Obraťte dort na servírovací talíř, takže polevu s připáleným citronem bude nyní nahoře.
s) Whisky-Yuzu Savarin se spáleným citronem podávejte teplý nebo při pokojové teplotě a vychutnejte si nádhernou kombinaci chutí!

KAMENNÉ OVOCNÉ TATINY

53. Broskvový a pekanový Tatin

SLOŽENÍ:
- 450 gramů listového těsta
- 2 lžíce nesoleného másla
- 125 gramů moučkového cukru
- Přibližně 6-7 broskví rozpůlených
- 125 gramů pekanových ořechů
- 100 mililitrů javorového sirupu
- 1 vejce propláchnuté (žloutek, ne bílek)
- Moučkový cukr a lístky máty na ozdobu
- Mouka na posypání

INSTRUKCE:
a) Předehřejte troubu na 220 °C (400 °F) nebo plynovou značku 6.
b) V pánvi se silným základem rozpusťte máslo a cukr a nechte cukr zkaramelizovat, dokud nezíská zlatohnědou barvu.
c) Broskve opatrně rozpůlíme a zbavíme pecek.
d) Jemně přidejte rozpůlené broskve do zkaramelizovaného cukru a dávejte pozor, abyste se nespálili. Broskve položíme řeznou stranou nahoru. Pokračujte v aranžování broskví na pánev, vyplňte případné mezery, dokud nedosáhnou úrovně výšky pánve.
e) Smíchejte drcené pekanové ořechy a javorový sirup.
f) Listové těsto rozválejte na dva kotouče, každý o průměru 10-11 palců.
g) Lžící naneste směs drcených ořechů a javorového sirupu na jeden z plátků pečiva, ponechejte přibližně centimetr místa kolem okrajů.
h) Navlhčete okraj těsta vaječným oplachem a poté na něj položte druhý kotouč na pečivo, uvnitř uzavřete ořechovou směs.
i) Pečivo opatrně položte na broskve a jemně zastrčte případný přesah.
j) Pekáč vložíme do předehřáté trouby a pečeme asi 40 minut, nebo dokud těsto není zlatavě hnědé a křupavé.
k) Po dokončení vyjměte pánev z trouby a nechte ji několik minut vychladnout.
l) Obraťte broskvový tatin na servírovací talíř (buďte opatrní, protože karamel může být horký a lepkavý).
m) Podle chuti ozdobte moučkovým cukrem a lístky máty.
n) Užijte si svůj delikátní Peach Tatin!

54. Meruňka Tarte Tatin

SLOŽENÍ:
- 2 pláty mraženého hotového vyváleného listového těsta, částečně rozmraženého
- 1 hrnek moučkového cukru
- 1 lžička pasty z vanilkového lusku
- 825g plechovky půlky meruněk, okapané
- 50 g másla, nakrájeného nadrobno
- Čistá smetana, k podávání

INSTRUKCE:
a) Předehřejte troubu na 200°C/180°C horkovzdušnou. Položte pláty pečiva na sebe. Jemným zatlačením zajistíte. Ořízněte rohy tak, aby vytvořily kulatý tvar.
b) Umístěte cukr, vanilku a ⅓ šálku studené vody do 20cm (základna) pánve na smažení na silném základě, odolné vůči troubě, na mírném ohni. Vařte za stálého míchání 5 minut nebo dokud se cukr nerozpustí (nevařte). Zvyšte teplotu na střední. Přiveďte k varu.
c) Vařte bez míchání 7 až 8 minut nebo dokud směs nezezlátne.
d) Odstraňte z tepla. Na pánev naaranžujte meruňky řezem dolů. Potřeme máslem.
e) Položte pečivo na meruňky, zastrčte je na okraji. Pečte 25 až 30 minut, nebo dokud těsto není zlaté a nafouknuté. Nechejte na pánvi 10 minut. Vyklopte koláč na talíř.
f) Zalijeme smetanou. Nakrájejte na klínky. Sloužit.

55. Teplý švestkový Tarte Tatin

SLOŽENÍ:
- 3 lžíce nesoleného másla
- ¾ šálku cukru
- 8 italských švestek (2 ⅓ libry) nebo 8 běžných švestek (2 ½ libry), vypeckovaných a rozpůlených
- Univerzální mouka, na pracovní plochu
- ½ receptu Pate Sucrée pro Plum Tarte Tatin

INSTRUKCE:
a) Rozpusťte máslo v 10palcové pánvi odolné vůči troubě na středně nízké teplotě. Sundejte z ohně a na dno pánve rovnoměrně posypte cukrem.
b) Začněte na vnějším okraji a uspořádejte poloviny švestek do překrývajících se soustředných kruhů s řeznými stranami poněkud kolmými ke dnu pánve.
c) Vraťte pánev na středně nízkou teplotu; vaříme, dokud šťáva nezačne bublat a cukr začne karamelizovat, 15 až 20 minut. Přidržte ovoce na místě širokou špachtlí, nakloňte pánev a sceďte sirup do mísy; sirup odložte. V případě potřeby zasuňte uvolněné švestky zpět na místo. Necháme mírně vychladnout, asi 10 minut.
d) Předehřejte troubu na 400 stupňů. Na lehce pomoučené pracovní ploše rozválejte plát paštiky Sucrée na 10-palcový čtverec. Pomocí obrácené 10palcové dortové formy jako vodítka vyřízněte kruh. Těsto položíme na švestky a celé těsto propícháme vidličkou.
e) Pečte v troubě, dokud není kůrka zlatavě hnědá a šťáva probublává 30 až 35 minut. Pokud vršek začne příliš hnědnout, než se ovoce propeče, přikryjte jej kouskem alobalu.
f) Vyjměte pánev z trouby. Necháme 1 hodinu vychladnout. Až budete připraveni, položte na dort servírovací talíř horní stranou dolů a rychle dort překlopte na talíř. Pokud chcete, zredukujte rezervovaný sirup v malém hrnci na středním ohni, dokud nezhoustne, asi 5 minut.
g) Koláč podávejte s teplou omáčkou.

56. Švestkový a mandlový Tarte Tatin

SLOŽENÍ:
- 4 zralé švestky, vypeckované a nakrájené
- 75 gramů nesoleného másla (2½ unce)
- 100 gramů krystalového cukru (3½ unce)
- ½ šálku nakrájených mandlí
- List z listového těsta

INSTRUKCE:
a) Předehřejte troubu na 200°C/400°F/plyn značka 6.
b) Na pánvi vhodné do trouby rozpusťte máslo. Rovnoměrně posypeme cukrem. Naaranžujeme plátky švestek a posypeme plátky mandlí.
c) Přikryjeme vrstvou listového těsta. Zastrčte okraje.
d) Pečte 20–25 minut, nebo dokud těsto není zlatohnědé.
e) Vyklopte na servírovací talíř a ujistěte se, že karamelizované švestky a mandle jsou nahoře. Podávejte teplé.

57. Tarte Tatin z třešní a balsamica

SLOŽENÍ:
- 2 šálky čerstvých třešní, vypeckovaných
- 75 gramů nesoleného másla (2½ unce)
- 100 gramů krystalového cukru (3½ unce)
- 2 lžíce balzamikového octa
- List z listového těsta

INSTRUKCE:
a) Předehřejte troubu na 200°C/400°F/plyn značka 6.
b) Na pánvi vhodné do trouby rozpusťte máslo. Rovnoměrně posypeme cukrem. Přidejte balzamikový ocet. Uspořádejte třešně.
c) Přikryjeme vrstvou listového těsta. Zastrčte okraje.
d) Pečte 20–25 minut, nebo dokud těsto není zlatohnědé.
e) Vyklopte na servírovací talíř a ujistěte se, že karamelizované třešně a balzamiková glazura jsou nahoře. Podávejte teplé.

58. Meruňkový a levandulový Tarte Tatin

SLOŽENÍ:
- 6 zralých meruněk, rozpůlených a vypeckovaných
- 75 gramů nesoleného másla (2½ unce)
- 100 gramů krystalového cukru (3½ unce)
- 1 lžička sušené kulinářské levandule
- List z listového těsta

INSTRUKCE:
a) Předehřejte troubu na 200°C/400°F/plyn značka 6.
b) Na pánvi vhodné do trouby rozpusťte máslo. Rovnoměrně posypeme cukrem. Přidejte sušenou levanduli. Uspořádejte půlky meruněk.
c) Přikryjeme vrstvou listového těsta. Zastrčte okraje.
d) Pečte 20–25 minut, nebo dokud těsto není zlatohnědé.
e) Vyklopte na servírovací talíř a ujistěte se, že karamelizované meruňky a levandule jsou nahoře. Podávejte teplé.

59. Tarte Tatin z nektarinky a tymiánu

SLOŽENÍ:
- 4 zralé nektarinky, oloupané, vypeckované a nakrájené na plátky
- 75 gramů nesoleného másla (2½ unce)
- 100 gramů krystalového cukru (3½ unce)
- Listy čerstvého tymiánu
- List z listového těsta

INSTRUKCE:
a) Předehřejte troubu na 200°C/400°F/plyn značka 6.
b) Na pánvi vhodné do trouby rozpusťte máslo. Rovnoměrně posypeme cukrem. Přidejte lístky čerstvého tymiánu. Uspořádejte plátky nektarinky.
c) Přikryjeme vrstvou listového těsta. Zastrčte okraje.
d) Pečte 20–25 minut, nebo dokud těsto není zlatohnědé.
e) Vyklopte na servírovací talíř a ujistěte se, že karamelizované nektarinky a tymián jsou nahoře. Podávejte teplé.

60. Třešňový a čokoládový Tarte Tatin

SLOŽENÍ:
- 2 šálky čerstvých třešní, vypeckovaných
- 75 gramů nesoleného másla (2½ unce)
- 100 gramů krystalového cukru (3½ unce)
- 2 lžíce čokoládových lupínků
- List z listového těsta

INSTRUKCE:
a) Předehřejte troubu na 200°C/400°F/plyn značka 6.
b) Na pánvi vhodné do trouby rozpusťte máslo. Rovnoměrně posypeme cukrem. Přidejte čokoládové lupínky. Uspořádejte třešně.
c) Přikryjeme vrstvou listového těsta. Zastrčte okraje.
d) Pečte 20–25 minut, nebo dokud těsto není zlatohnědé.
e) Vyklopte na servírovací talíř a ujistěte se, že karamelizované třešně a čokoláda jsou nahoře. Podávejte teplé.

61. Tarte Tatin se švestkami a badyánem

SLOŽENÍ:
- 4 zralé švestky, vypeckované a nakrájené
- 75 gramů nesoleného másla (2½ unce)
- 100 gramů krystalového cukru (3½ unce)
- 3 celé badyány
- List z listového těsta

INSTRUKCE:
a) Předehřejte troubu na 200°C/400°F/plyn značka 6.
b) Na pánvi vhodné do trouby rozpusťte máslo. Rovnoměrně posypeme cukrem. Přidejte celý badyán. Uspořádejte plátky švestek.
c) Přikryjeme vrstvou listového těsta. Zastrčte okraje.
d) Pečte 20–25 minut, nebo dokud těsto není zlatohnědé.
e) Vyklopte na servírovací talíř a ujistěte se, že karamelizované švestky a badyán jsou nahoře. Podávejte teplé.

62. Bílý broskvový tarte tatin s tymiánem

SLOŽENÍ:
- 225 g listového těsta
- mouka, na posyp
- 60 g moučkového cukru
- 40 g másla, nakrájeného na kostičky
- 6 bílých broskví, vypeckovaných a rozčtvrcených
- snítky tymiánu, na ozdobu
- moučkový cukr, na posypání
- zmrzlinu, podávat

INSTRUKCE:
a) Listové těsto rozválejte na pomoučněné ploše na tloušťku jedné libry. Vyřízněte čtyři kotouče o průměru 15 cm a vložte je na tác na 20 minut do lednice.
b) Předehřejte troubu na 200 C/180 C horkovzdušná/plynová značka 6.
c) Do každé pánvičky o průměru 12 cm nasypte čtvrtinu cukru a do každé přidejte čtvrtinu másla.
d) Dejte na mírný oheň, jemně krouhejte pánví, zatímco se cukr rozpustí a máslo se rozpustí, dokud se směs nezmění na světlý karamel. Poté pánev stáhněte z ohně a zastavte proces vaření umístěním dna pánve do misky se studenou vodou.
e) Rychle urovnejte čtvrtinu plátků broskve v každé pánvi do tvaru vějíře nebo kruhu a poté přikryjte kruhem listového těsta, zastrčte okraje. Do listového těsta udělejte špičkou nože několik malých otvorů.
f) Formičky vložte do trouby na 12–15 minut – doba může záviset na tloušťce vašeho listového těsta, ale těsto by mělo být upečené a broskve měkké, s krásným zlatavým karamelem.
g) Koláče vyklopte na talíře a ozdobte snítkou tymiánu a moučkovým cukrem.
h) Podávejte se zmrzlinou.

63. Švestkový a brusinkový tarte Tatin

SLOŽENÍ:

- 15 g másla, změklého, na pomazání
- 85 g světle měkkého hnědého cukru plus 50 g
- 400 g pevných švestek, rozpůlených a vypeckovaných
- 100 g mražených brusinek
- mouka, na posyp
- 500 g blokového listového těsta
- 300 ml smetany ke šlehání
- ½-1 pomeranč, nastrouhaný, k podávání

INSTRUKCE:

a) Vymažte základ 21–23 cm pevné formy na dort nebo pánev na smažení a poté nasypte na 85 g cukru v rovnoměrné vrstvě. Uspořádejte švestky řezem dolů a poté je rozsypte na brusinky.
b) Na povrchu posypaném moukou vyválejte těsto tak, aby bylo o něco větší než plech nebo pánev, jako vodítko k vykrajování kruhu (zbude vám asi 150 g).
c) Těsto položte na švestky, okraje přimáčkněte kolem ovoce a poté do pečiva několikrát propíchněte vidličkou, aby mohla uniknout pára. Chlaďte alespoň 1 hodinu nebo až 24 hodin.
d) Troubu předehřejte na plynovou 7, 220°C, horkovzdušnou na 200°C. Pečte 25–30 minut, dokud těsto nezezlátne a nebude křupavé.
e) Mezitím dejte do velké mísy smetanu, 50 g hnědého cukru a špetku soli. Elektrickým šlehačem vyšleháme do měkkých špiček.
f) Pomocí utěrky na ochranu rukou opatrně položte na plech nebo pánev servírovací talíř. Obraťte, aby koláč spadl na talíř, a poté ozdobte pomerančovou kůrou.
g) Podávejte se šlehačkou z hnědého cukru.

64.Meruňkový dort naruby

SLOŽENÍ:
- 3 lžíce másla
- ½ šálku hnědého cukru
- 24 zavařených půlek meruněk
- 2 vejce
- ¼ lžičky soli
- 1 šálek cukru
- 1 lžička vanilkového extraktu
- ¼ šálku Pet Milk (odpařeného mléka), zředěného ¼ šálku vody
- 1 polévková lžíce Tuk
- 1 šálek koláčové mouky, prosáté
- 1 lžička prášku do pečiva

ŠLEHANÁ MLÉČNÁ PLEVA:
- ¼ lžičky granulované želatiny
- 1 lžička Studená voda
- ½ šálku Pet Milk (odpařené mléko), opařené
- 1 lžíce moučkového cukru
- 1 lžička vanilkového extraktu

INSTRUKCE:
a) Předehřejte troubu na 350 °F (175 °C).
b) V 9palcové litinové pánvi rozpusťte 3 lžíce másla.
c) Sundejte pánev z ohně a na rozpuštěné máslo posypte hnědým cukrem.
d) Na cukr v pánvi naaranžujte 24 polovin z konzervy meruněk. Při přípravě těsta je nechte stát.
e) V mixovací misce rozšlehejte 2 vejce, dokud nebudou velmi světlá.
f) Během šlehání vajec přidejte ¼ lžičky soli, 1 šálek cukru a 1 lžičku vanilkového extraktu.
g) V dvojitém vařáku zahřejte ¼ šálku Pet Milk (odpařeného mléka) zředěného s ¼ šálku vody a 1 polévkovou lžící tuku k bodu varu.
h) Do vaječné směsi zašlehejte mléčnou směs.
i) Prosejeme 1 hrnek mouky na koláč a 1 lžičku prášku do pečiva.
j) Do mléčné směsi přidejte suché ingredience, rychle, ale důkladně prošlehejte.
k) Těsto nalijte na naaranžované meruňky v pánvi.

l) Koláč pečte v předehřáté troubě 25 až 30 minut nebo dokud se koláč nestáhne ze stěn formy.
m) Ještě teplý koláč vyklopte z pánve na servírovací talíř a odkryjte meruňkovou polevu.
ŠLEHANÁ MLÉČNÁ PLEVA:
n) V malé misce namočte ¼ lžičky granulované želatiny do 1 lžičky studené vody na 5 minut.
o) Opařte ½ šálku Pet Milk (odpařeného mléka) v horní části dvojitého kotle.
p) Do spařeného mléka přidejte namočenou želatinu a míchejte, dokud se nerozpustí. Směs nalijte do misky a chlaďte, dokud nebude ledově studená.
q) Vychlazené mléko vyšleháme rotačním šlehačem dotuha.
r) Vmícháme 1 lžíci moučkového cukru a 1 lžičku vanilkového extraktu.
s) Meruňkový koláč vzhůru nohama podávejte teplý se šlehaným mlékem pro domácí mazlíčky. Vychutnejte si tuto lahodnou pochoutku pro 6 porcí!

65.Višňovo-nektarinkový dort naruby

SLOŽENÍ:
POLEVA:
- 1 polévková lžíce margarínu nebo másla, rozpuštěného
- ¼ šálku hnědého cukru, balené
- 1 šálek vypeckovaných sladkých třešní
- 2 šálky nektarinek, nakrájené na tenké plátky
- 1 lžička citronové šťávy

DORT:
- 1 šálek víceúčelové mouky (plus 2 polévkové lžíce)
- 2 lžíce nakrájených mandlí, opražených a mletých
- 1 lžička prášku do pečiva
- ½ lžičky jedlé sody
- ⅛ lžičky soli
- ⅔ šálku granulovaného cukru
- ¼ šálku tyčinkového margarínu nebo změklého másla
- 1 lžička vanilkového extraktu
- ½ lžičky mandlového extraktu
- 1 velké vejce
- ⅔ šálku nízkotučného podmáslí

INSTRUKCE:
a) Předehřejte troubu na 350 stupňů Fahrenheita (175 stupňů Celsia). Potřete dno 9palcové kulaté dortové formy rozpuštěným margarínem. Rozpuštěný margarín rovnoměrně posypeme hnědým cukrem.

b) Umístěte 1 třešeň do středu pánve a zbývající třešně položte kolem okraje pánve.

c) V misce smíchejte nektarinky a citronovou šťávu, dobře promíchejte. Uspořádejte plátky nektarinky, postupujte od středu třešně k okraji třešní.

d) V samostatné misce smíchejte 1 šálek univerzální mouky, mleté pražené mandle, prášek do pečiva, jedlou sodu a sůl.

e) V jiné misce šlehejte ⅔ šálku krystalového cukru a ¼ šálku změkčeného margarínu při střední rychlosti mixéru, dokud se dobře nesmíchá.

f) Do krémové směsi přidejte vanilkový extrakt, mandlový extrakt a vejce a dobře prošlehejte.
g) Do smetany přidávejte moučnou směs střídavě s podmáslím, počínaje a konče moučnou směsí. Po každém přidání dobře prošlehejte.
h) Těsto na dort pomalu nalijte na ovoce v dortové formě.
i) Koláč pečte v předehřáté troubě asi 45 minut nebo dokud dřevěné trsátko vložené do středu nevyjde čisté.
j) Koláč ochlaďte na pánvi 5 minut na mřížce.
k) Uvolněte dort ze stran formy pomocí úzké kovové stěrky a poté dort překlopte na dortovou desku.
l) Višňovo-nektarinkový koláč obrácený vzhůru nohama nakrájejte na měsíčky a podávejte teplý jako lahodnou pochoutku spojující sladkost třešní a nektarinek s dortem s mandlemi!

66. Dort s broskví a ořechy vzhůru nohama

SLOŽENÍ:
POLEVA:
- 3 lžíce nesoleného másla
- ½ šálku baleného světle hnědého cukru
- 14 konzervovaných půlek broskví
- ½ šálku celých pekanových ořechů, lehce opečených

DORT:
- 2 hrnky univerzální mouky
- 1 lžička prášku do pečiva
- 1 lžička jedlé sody
- 1 lžička soli
- ½ lžičky skořice
- ½ lžičky muškátového oříšku
- ½ šálku nesoleného másla (1 tyčinka)
- ¾ šálku cukru
- 1 lžička vanilky
- 2 velká vejce
- 1 šálek podmáslí

INSTRUKCE:
a) V dobře ochucené 10palcové litinové pánvi na mírně mírném ohni rozpusťte máslo. Na dno pánve rovnoměrně nasypte hnědý cukr a promíchejte, aby se spojil.
b) Sundejte pánev z ohně a na cukr a máslo ozdobným vzorem naaranžujte poloviny broskví řezem nahoru. Celé pekanové ořechy rovnoměrně posypte kolem broskví.
c) Předehřejte troubu na 375 stupňů F (190 stupňů C).
d) Ve velké míse prošlehejte mouku, prášek do pečiva, jedlou sodu, sůl, skořici a muškátový oříšek.
e) V jiné míse pomocí elektrického mixéru ušlehejte máslo a cukr do světlé a nadýchané hmoty. Zašlehejte vanilku. Přidejte vejce, jedno po druhém, dokud se dobře nezapracují.
f) S mixérem na nízkou rychlost zašlehejte podmáslí, dokud se nespojí. Smíchejte suché ingredience ve dvou dávkách, dokud se nespojí.
g) Těsto rovnoměrně nalijte na broskve na pánvi.

h) Pečte v předehřáté troubě 35 až 40 minut, nebo dokud není koláč zlatavě hnědý a nevyjde tester s přilepenými drobky.

i) Dort ochlaďte na pánvi na mřížce po dobu 10 minut. Přejeďte tenkým nožem po okraji pánve a opatrně vyklopte dort na talíř.

j) Vychutnejte si svůj lahodný dort s broskví a ořechy vzhůru nohama! Je to perfektní dezert k předvedení chutí čerstvých broskví a opečených pekanových ořechů ve vlhkém a voňavém koláči.

67. Broskvovo-perníkový dort naruby

SLOŽENÍ:
- 4 broskve (oloupané, vypeckované a nakrájené na ¼ palce silné)
- 1 ½ šálku univerzální mouky
- 1 ½ lžičky jedlé sody
- ⅓ šálku melasy
- ¾ šálku vroucí vody
- 2 vejce
- ¾ šálku krystalového cukru
- ⅓ šálku nesoleného másla (rozpuštěného)
- 8 broskví (také oloupané, vypeckované a nakrájené na ¼ palce silné)
- ¼ šálku nesoleného másla (rozpuštěného)
- 6 lžic tmavě hnědého cukru (baleno)
- ½ šálku broskvové nebo meruňkové konzervy

INSTRUKCE:
a) Předehřejte troubu na 350 stupňů Fahrenheita (175 stupňů Celsia).
b) Velkoryse máslem 12palcovou pružinovou pánev. Na pánev urovnejte 4 nakrájené broskve do kruhového vzoru a dejte stranou.
c) Mouku a jedlou sodu prosejeme a dáme stranou.
d) V samostatné misce smíchejte melasu a vroucí vodu a dejte ji stranou.
e) V míse šlehejte vejce a krystalový cukr po dobu 5 až 10 minut, dokud nebudou světlé a nadýchané.
f) Postupně přidávejte rozpuštěné máslo za stálého šlehání směsi.
g) K vaječné směsi střídavě přidávejte směs mouky a melasy a míchejte do hladka.
h) Těsto nalijte na broskve v jarní formě.
i) Umístěte formu na středovou mřížku do předehřáté trouby a pečte 45 minut, nebo dokud nebude párátko zapíchnuté do středu koláče čisté. Vyjměte koláč z trouby a nechte jej vychladnout.
j) Na pánvi orestujte zbývající plátky broskve na ¼ šálku rozpuštěného másla a 6 polévkových lžících hnědého cukru, dokud nebudou měkké, ale ne kašovité, asi 6 až 8 minut. Vyjměte je z pánve a nechte je vychladnout.

k) Vyklopte koláč na servírovací talíř tak, aby byly broskve nahoře. Kolem vršku dortu naaranžujte vychladlé plátky broskví.

l) V horní části dvojitého vařiče rozpusťte zavařeniny z broskví nebo meruněk a štědře potřete nakrájenými broskvemi.

m) Užijte si svůj staromódní dort s broskvovým perníkem vzhůru nohama! Je ideální pro lahodný dezert s lahodnou chutí broskví a perníku.

68. Broskvovo-brusinkový dort vzhůru nohama

SLOŽENÍ:
- ¾ šálku pevně zabaleného hnědého cukru
- 1 lžíce rostlinného oleje
- 2 lžičky vody
- 1 šálek nakrájených broskví, zmrazených a rozmražených
- 1 šálek brusinek
- ½ šálku cukru
- ¼ šálku odstředěného mléka
- ¼ šálku obyčejného odtučněného jogurtu
- 3 lžíce rostlinného oleje
- 1 lžička vanilkového extraktu
- 1 ¼ hrnku prosáté koláčové mouky
- ½ lžičky prášku do pečiva
- ⅛ lžičky soli
- 2 bílky, pokojové teploty

INSTRUKCE:

a) Smíchejte první 3 ingredience v malém kastrolu a dobře promíchejte. Umístěte kastrol na střední teplotu a za občasného míchání vařte asi 5 minut nebo dokud se cukr nerozpustí. Tuto směs nalijte do 9palcové kulaté dortové formy.

b) Plátky broskve naaranžujte v módě na směs hnědého cukru v dortové formě, postupujte od středu formy k okraji. K broskvím nasypte brusinky a dejte stranou.

c) V malé misce smíchejte cukr, mléko, jogurt, 3 lžíce rostlinného oleje a vanilku. Dobře promíchejte drátěnou metličkou.

d) Ve velké míse smíchejte mouku na koláč, prášek do pečiva a sůl. Dobře promíchejte. Přidejte mléčnou směs k suchým ingrediencím a šlehejte při nízké rychlosti mixérem, dokud nebude dobře promíchaná. Toto těsto dejte stranou.

e) Bílky šlehejte při vysoké rychlosti pomocí mixéru, dokud se nevytvoří tuhé špičky. Do těsta jemně vmícháme bílkovou směs.

f) Těsto rovnoměrně nalijte na ovoce v dortové formě.

g) Pečte dort při 350 stupních Fahrenheita asi 40 minut nebo dokud dřevěné trsátko vložené do středu dortu nevyjde čisté.

h) Dort ihned vyklopte na servírovací talíř.

i) Vychutnejte si svůj lahodný broskvovo-brusinkový koláč vzhůru nohama! Kombinace šťavnatých broskví a pikantních brusinek jistě potěší vaše chuťové buňky.

69. Švestkový koláč vzhůru nohama

SLOŽENÍ:
- 12 lžic nesoleného másla; pokojová teplota (1½ tyčinky)
- 1 šálek baleného zlatavě hnědého cukru
- 1 lžíce medu
- 6 velkých švestek; rozpůlený, důlkovaný,
- každá polovina nakrájíme na 6 klínků
- 1½ šálku univerzální mouky
- 2 lžičky prášku do pečiva
- ½ lžičky mleté skořice
- ¼ lžičky soli
- 1 šálek cukru
- 2 velká vejce
- ½ lžičky vanilkového extraktu
- ¼ lžičky mandlového extraktu
- ½ šálku mléka
- Lehce oslazená šlehačka

INSTRUKCE:
a) Předehřejte troubu na 350 °F (175 °C). Míchejte 6 lžic másla, hnědého cukru a medu v těžké střední pánvi na mírném ohni, dokud se máslo nerozpustí a cukr s medem se nespojí a nevytvoří hustou hladkou omáčku.

b) Přeneste tuto směs do dortové formy o průměru 9 palců s 2 palce vysokými stranami. Rozložte měsíčky švestek do překrývajících se soustředných kruhů na vrch omáčky.

c) Ve střední misce smíchejte univerzální mouku, prášek do pečiva, skořici a sůl. Elektrickým šlehačem rozšlehejte zbylých 6 lžic másla ve velké míse, dokud nebude světlo. Přidejte cukr a šlehejte do krémova.

d) Přidejte vejce a šlehejte, dokud nebudou světlé a nadýchané. Vmíchejte vanilkový a mandlový extrakt. Přidávejte suché ingredience střídavě s mlékem a míchejte, dokud se nespojí.

e) Těsto rovnoměrně nalijeme na švestky v dortové formě.

f) Pečte dort dozlatova a tester zasunutý do středu vyjde čistý, asi 1 hodinu a 5 minut.

g) Dort přendejte na mřížku a nechte 30 minut chladnout na pánvi.

h) Pomocí nože nařízněte okraje formy, aby se koláč uvolnil. Umístěte talíř na dortovou formu a obraťte dort; položte talíř na pracovní plochu. Nechte 5 minut odstát.

i) Jemně zvedněte pánev a dort podávejte teplý s lehce oslazenou šlehačkou.

j) Užijte si svůj Švestkový koláč vzhůru nohama!

TROPICKÉ OVOCE TATINY

70.Ananasový Tarte Tatin

SLOŽENÍ:
- 1 středně zralý ananas
- 110 gramů moučkového cukru (4 unce)
- 55 gramů másla (2 unce)
- 340 gramů hotového listového těsta (12 uncí)
- Creme fraiche podávat

INSTRUKCE:
a) Předehřejte troubu na 200 °C (400 °F) nebo plynovou značku 6.
b) Začněte přípravou ananasu. Odřízněte horní a spodní část ananasu. Malým ostrým nožem odstraňte slupku a opatrně vyřízněte ananas „očka". Ananas rozkrojte svisle napůl a odstraňte jádřinec. Poté nakrájejte ananas na 2½ cm (1 palec) silné plátky.
c) Položte vybraný pokrm vhodný do trouby na varnou desku a přidejte cukr. Zalijte 4 lžícemi vody a zahřívejte, dokud se cukr nerozpustí. Necháme mírně vařit, dokud cukr nezačne karamelizovat. Snižte teplotu a přidejte máslo. Pokud je směs hustá a zrnitá, přidejte trochu vody a zahřívejte, dokud nebude hladká.
d) Nakrájejte plátky ananasu do misky, v případě potřeby je nakrájejte, aby se vešly. Vařte 5-10 minut. Směs bedlivě sledujte, aby se omáčka nepřipálila.
e) Listové těsto rozválíme a vykrojíme kruh asi o 1 cm větší, než je pánev. Těsto položte na ananas a zasuňte okraje. Poté přeneste misku do trouby.
f) Pečte asi 30 minut, nebo dokud těsto nevykyne a nezíská zlatohnědou barvu.
g) Vyjměte misku z trouby, nechte ji několik minut odpočinout a poté ji opatrně vyklopte na servírovací talíř. Nechte pánev na místě další 2-3 minuty, aby se karamel usadil. Pokud se některé plody posunuly, přemístěte je.
h) Ananasový tarte tatin podávejte teplý s kopečkem creme fraiche.
i) Vychutnejte si svůj lahodný ananasový tarte Tatin!

71. Banán a karamel Tarte Tatin

SLOŽENÍ:
- 4 zralé banány, nakrájené na plátky
- 75 gramů nesoleného másla (2½ unce)
- 100 gramů hnědého cukru (3½ unce)
- 1 lžička vanilkového extraktu
- List z listového těsta

INSTRUKCE:
a) Předehřejte troubu na 200°C/400°F/plyn značka 6.
b) Na pánvi vhodné do trouby rozpusťte máslo. Rovnoměrně posypeme hnědým cukrem.
c) Přidejte vanilkový extrakt. Na směs položte plátky banánu.
d) Přikryjeme vrstvou listového těsta. Zastrčte okraje.
e) Pečte 20–25 minut, nebo dokud těsto není zlatohnědé.
f) Vyklopte na servírovací talíř a ujistěte se, že směs karamelizovaných banánů je nahoře. Podávejte teplé.

72. Ananas a kardamom Tatin

SLOŽENÍ:

- 1 ananas
- 2 ½ unce nesoleného másla
- 4 ½ unce měkkého hnědého cukru
- 6 lusků kardamomu
- 7 uncí hotového rolovaného listového těsta

INSTRUKCE:

a) Předehřejte troubu na 200°C/400°F/plyn značka 6.
b) Ananas oloupejte a nakrájejte na 1 cm (½ palce) plátky, buď podélně, nebo vodorovně. Dát stranou.
c) Nesolené máslo rozetřete na dno kulaté formy o průměru 20 cm (8 palců). Na máslo nasypeme měkký hnědý cukr.
d) Vysypte lusky kardamomu a pár minut opečte semena na malé pánvi, dokud neuvolní své aroma. Semínka umelte v čistém mlýnku na kávu nebo je dobře rozdrťte v tloučku. Cukr posypeme mletým kardamomem.
e) Plátky ananasu zbavené jádřinců položte na směs cukru a kardamomu.
f) Z listového těsta vykrojíme kruh o průměru 24 cm (10 palců) a použijeme k pokrytí ananasu. Dobře jej přitlačte, aby se vytvořily strany dortu. Uprostřed těsta udělejte malý důlek, aby mohla unikat pára a nezměknul základ.
g) Koláč pečte v předehřáté troubě 12–15 minut, nebo dokud těsto není zlatohnědé.
h) Koláč vyndejte z trouby, překlopte na talíř a ihned podávejte.
i) Spárujte ho s vanilkovou zmrzlinou nebo bazalkovým sorbetem pro lahodnou pochoutku.

73. Ananasový a kokosový Tarte Tatin

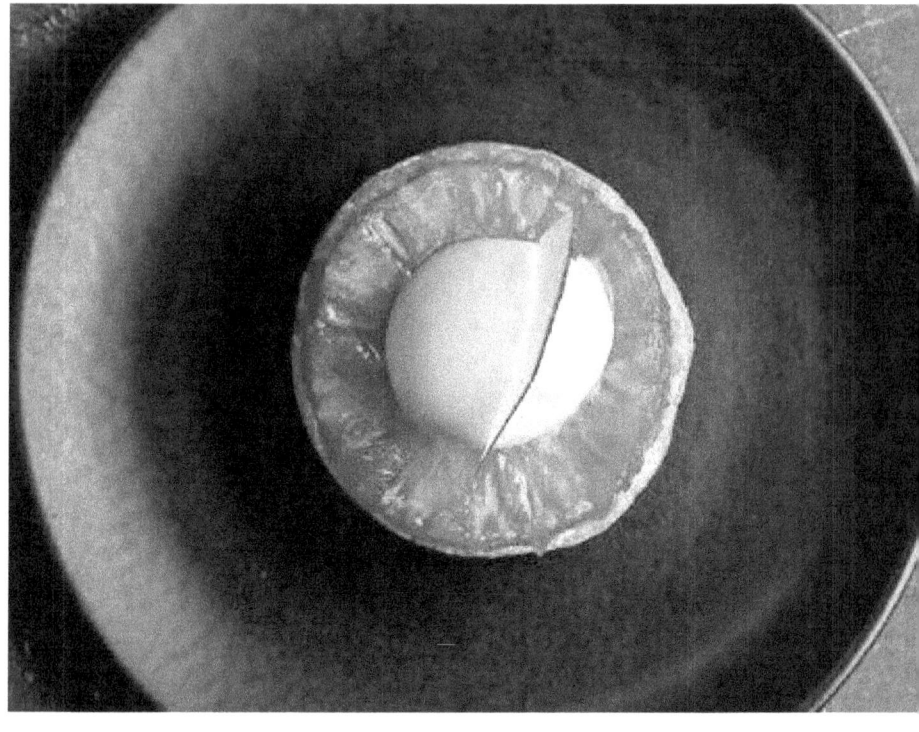

SLOŽENÍ:
- 1 malý ananas, oloupaný, zbavený jádřinců a nakrájený na plátky
- 75 gramů nesoleného másla (2½ unce)
- 100 gramů krystalového cukru (3½ unce)
- ½ šálku strouhaného kokosu
- List z listového těsta

INSTRUKCE:
a) Předehřejte troubu na 200°C/400°F/plyn značka 6.
b) Na pánvi vhodné do trouby rozpusťte máslo. Rovnoměrně posypeme cukrem. Přidáme strouhaný kokos. Uspořádejte plátky ananasu.
c) Přikryjeme vrstvou listového těsta. Zastrčte okraje.
d) Pečte 20–25 minut, nebo dokud těsto není zlatohnědé.
e) Vyklopte na servírovací talíř a ujistěte se, že karamelizovaný ananas a kokos jsou nahoře. Podávejte teplé.

74. Mango a limetka Tarte Tatin

SLOŽENÍ:
- 2 zralá manga, oloupaná, vypeckovaná a nakrájená na plátky
- 75 gramů nesoleného másla (2½ unce)
- 100 gramů krystalového cukru (3½ unce)
- Kůra z 1 limetky
- List z listového těsta

INSTRUKCE:
a) Předehřejte troubu na 200°C/400°F/plyn značka 6.
b) Na pánvi vhodné do trouby rozpusťte máslo. Rovnoměrně posypeme cukrem. Přidejte limetkovou kůru. Uspořádejte plátky manga.
c) Přikryjeme vrstvou listového těsta. Zastrčte okraje.
d) Pečte 20–25 minut, nebo dokud těsto není zlatohnědé.
e) Vyklopte na servírovací talíř a ujistěte se, že karamelizované mango a limetková kůra jsou nahoře. Podávejte teplé.

75. Papája a mučenka Tarte Tatin

SLOŽENÍ:
- 1 zralá papája, oloupaná, zbavená semínek a nakrájená na plátky
- 75 gramů nesoleného másla (2½ unce)
- 100 gramů krystalového cukru (3½ unce)
- Dužnina ze 3 mučenek
- List z listového těsta

INSTRUKCE:
a) Předehřejte troubu na 200°C/400°F/plyn značka 6.
b) Na pánvi vhodné do trouby rozpusťte máslo. Rovnoměrně posypeme cukrem. Přidejte dužinu z marakuji. Uspořádejte plátky papáji.
c) Přikryjeme vrstvou listového těsta. Zastrčte okraje.
d) Pečte 20–25 minut, nebo dokud těsto není zlatohnědé.
e) Vyklopte na servírovací talíř a zajistěte, aby karamelizovaná papája a mučenka byly nahoře. Podávejte teplé.

76. Kiwi a mátový Tarte Tatin

SLOŽENÍ:
- 6 kiwi, oloupaných a nakrájených na plátky
- 75 gramů nesoleného másla (2½ unce)
- 100 gramů krystalového cukru (3½ unce)
- Čerstvé lístky máty, nasekané
- List z listového těsta

INSTRUKCE:
a) Předehřejte troubu na 200°C/400°F/plyn značka 6.
b) Na pánvi vhodné do trouby rozpusťte máslo. Rovnoměrně posypeme cukrem. Přidejte nasekanou mátu. Uspořádejte plátky kiwi.
c) Přikryjeme vrstvou listového těsta. Zastrčte okraje.
d) Pečte 20–25 minut, nebo dokud těsto není zlatohnědé.
e) Vyklopte na servírovací talíř a ujistěte se, že karamelizované kiwi a máta jsou nahoře. Podávejte teplé.

77.Tarte Tatin z banánů a makadamových ořechů

SLOŽENÍ:
- 4 zralé banány, oloupané a nakrájené na plátky
- 75 gramů nesoleného másla (2½ unce)
- 100 gramů hnědého cukru (3½ unce)
- ½ šálku nasekaných makadamových ořechů
- List z listového těsta

INSTRUKCE:
a) Předehřejte troubu na 200°C/400°F/plyn značka 6.
b) Na pánvi vhodné do trouby rozpusťte máslo. Rovnoměrně posypeme hnědým cukrem. Přidejte nasekané makadamové ořechy. Uspořádejte plátky banánu.
c) Přikryjeme vrstvou listového těsta. Zastrčte okraje.
d) Pečte 20–25 minut, nebo dokud těsto není zlatohnědé.
e) Vyklopte na servírovací talíř a ujistěte se, že karamelizované banány a makadamové ořechy jsou nahoře. Podávejte teplé.

78. Tarte Tatin z kokosu a manga

SLOŽENÍ:
- 2 zralá manga, oloupaná, vypeckovaná a nakrájená na plátky
- 75 gramů nesoleného másla (2½ unce)
- 100 gramů krystalového cukru (3½ unce)
- ½ šálku strouhaného kokosu
- List z listového těsta

INSTRUKCE:
a) Předehřejte troubu na 200°C/400°F/plyn značka 6.
b) Na pánvi vhodné do trouby rozpusťte máslo. Rovnoměrně posypeme cukrem. Přidáme strouhaný kokos. Uspořádejte plátky manga.
c) Přikryjeme vrstvou listového těsta. Zastrčte okraje.
d) Pečte 20–25 minut, nebo dokud těsto není zlatohnědé.
e) Vyklopte na servírovací talíř a ujistěte se, že karamelizované mango a kokos jsou nahoře. Podávejte teplé.

79.Papája a Lime Tarte Tatin

SLOŽENÍ:

- 1 zralá papája, oloupaná, zbavená semínek a nakrájená na plátky
- 75 gramů nesoleného másla (2½ unce)
- 100 gramů krystalového cukru (3½ unce)
- Kůra a šťáva ze 2 limetek
- List z listového těsta

INSTRUKCE:

a) Předehřejte troubu na 200°C/400°F/plyn značka 6.
b) Na pánvi vhodné do trouby rozpusťte máslo. Rovnoměrně posypeme cukrem. Přidejte kůru a šťávu z limetky. Uspořádejte plátky papáji.
c) Přikryjeme vrstvou listového těsta. Zastrčte okraje.
d) Pečte 20–25 minut, nebo dokud těsto není zlatohnědé.
e) Vyklopte na servírovací talíř a ujistěte se, že karamelizovaná papája a limetka jsou nahoře. Podávejte teplé.

80. Maracuja a ananasový tarte Tatin

SLOŽENÍ:

- 2 mučenky, vydlabaná dužina
- 1 malý ananas, oloupaný, zbavený jádřinců a nakrájený na plátky
- 75 gramů nesoleného másla (2½ unce)
- 100 gramů krystalového cukru (3½ unce)
- List z listového těsta

INSTRUKCE:

a) Předehřejte troubu na 200°C/400°F/plyn značka 6.
b) Na pánvi vhodné do trouby rozpusťte máslo. Rovnoměrně posypeme cukrem. Přidejte dužinu z marakuji. Uspořádejte plátky ananasu.
c) Přikryjeme vrstvou listového těsta. Zastrčte okraje.
d) Pečte 20–25 minut, nebo dokud těsto není zlatohnědé.
e) Vyklopte na servírovací talíř a ujistěte se, že karamelizovaný ananas a maracuja jsou nahoře. Podávejte teplé.

81. Mini Liči Tart Tatin

SLOŽENÍ:
- 200 g listového těsta
- 5 g tekuté glukózy
- 10 ml vody
- 50 ml ananasové šťávy
- 75 g moučkového cukru
- 50 ml kokosového mléka
- 1 špetka skořice
- 10 ml růžové vody
- 50 g másla
- 40 g zralého liči (asi 30)
- 12 Rambutanů
- 100 ml smetany ke šlehání
- 50 g Crème fraiche
- 1 vanilkový lusk

INSTRUKCE:

a) Rambutany oloupejte a vypeckujte, vyhraďte si 4 slupky. Blitz 8 rambutanů v kuchyňském robotu s crème fraiche, dokud se dobře nerozpustí. Tuto směs propasírujte přes síto. Do smetany ke šlehání vyškrábněte vanilkový lusk a poté smetanu vyšlehejte do měkka. Vmíchejte směs rambutanového krému a dávejte pozor, abyste ze smetany nevyrazili vzduch.

b) Troubu rozehřejte na 200ºC. Listové těsto rozválíme na plát silný 3 mm a nakrájíme na 4 kolečka o průměru 9 cm. Na plechu na pečení lehce potřete máslem trochu mastného papíru a kolečka těsta přendejte na papír. Pečte 15 minut, dokud nezvedne a mírně zhnědne. Malým ostrým nožem opatrně vyřízněte z vrchní části pečiva „pokličky". Dát stranou.

c) V malém hrnci rozpusťte moučkový cukr, tekutou glukózu a vodu. V samostatném hrnci přiveďte k varu ananasovou šťávu, moučkový cukr, kokosové mléko, skořici, růžovou vodu a máslo. Když cukrová směs získá tmavě jantarovou barvu, vlijte do ní směs vroucí ananasové šťávy. Míchejte, aby se spojily a odstavte z ohně.

d) Liči vypeckujte a naskládejte do každé skořápky. Přelijte karamelovou omáčkou a vložte zpět do trouby na 5 minut.

e) Podávejte s rambutanem ve skořápce a quenelle rambutanového krému.

82. Mango Upside Down dort

SLOŽENÍ:
NA MANGOVOU POLEVU:
- 2 šálky nakrájeného zralého manga
- 2 lžíce citronové šťávy
- 1 lžíce margarínu

NA DORTOVÉ TĚSTO:
- ⅓ šálku hnědého cukru
- ¼ šálku margarínu
- ¾ šálku cukru
- 1 vejce
- ½ šálku mléka
- 1 ¼ šálku univerzální mouky
- 2 lžičky prášku do pečiva
- ¼ lžičky soli

INSTRUKCE:
a) Předehřejte troubu na 375 °F (190 °C).
b) Nakrájené mango zalijeme citronovou šťávou a necháme 15 minut odstát.
c) V 8palcové dortové formě nebo kastrolu rozpusťte 1 lžíci margarínu. Ujistěte se, že nepoužíváte železnou pánev, protože mango v ní může ztmavnout.
d) Do rozpuštěného margarínu v dortové formě přidejte hnědý cukr a dno zakryjte nakrájeným mangem.
e) K přípravě těsta na dort nakrémujte ¼ šálku margarínu. Přidejte cukr a smetanu je dohromady. Poté přidejte rozšlehané vejce a dobře promíchejte.
f) V samostatné misce prosejeme univerzální mouku, prášek do pečiva a sůl. Do krémové směsi postupně přidávejte suché ingredience, střídavě s mlékem.
g) Těsto na dort nalijte na plátky manga v dortové formě.
h) Koláč pečte v předehřáté troubě 50 až 60 minut, nebo dokud párátko zapíchnuté do středu nevyjde čisté.
i) Jakmile je dort upečený, ihned jej otočte dnem vzhůru na servírovací talíř, abyste odhalili krásnou mangovou polevu.
j) Podávejte Mango Upside Down Cake, dokud je ještě teplý a vychutnejte si lahodné tropické chutě!

83. Mango-Ořech Upside-Down Pomerančový dort

SLOŽENÍ:
K NÁPLNĚ:
- 1 lžíce odtučněného margarínu, rozpuštěného
- ¼ šálku pevně baleného hnědého cukru
- 1 ½ šálku manga, nakrájeného na tenké plátky

NA DORT:
- 1 šálek víceúčelové mouky
- ¾ lžičky jedlé sody
- ⅛ lžičky soli
- ¼ šálku tyčinkového margarínu (Poznámka: Můžete použít nízkotučný margarín)
- ⅔ šálku granulovaného cukru
- 1 lžička pomerančové kůry, nastrouhaná
- 1 lžička vanilkového extraktu
- ¼ šálku náhražky vajec
- ½ šálku odtučněného bílého jogurtu
- 1 lžíce sekaných pekanových ořechů (Poznámka: Volitelné, není v původním receptu)

INSTRUKCE:
a) Předehřejte troubu na 350 °F (175 °C).
b) Potřete dno 9palcové kulaté dortové formy rozpuštěným beztukovým margarínem.
c) Rozpuštěný margarín posypeme hnědým cukrem.
d) Na hnědý cukr položte na tenké plátky nakrájené mango, postupujte od středu pánve k okraji. Dát stranou.
e) V misce smíchejte univerzální mouku, jedlou sodu a sůl. Dobře promíchejte a dejte stranou.
f) V samostatné mixovací misce šlehejte ¼ šálku tyčinkového margarínu a krystalového cukru při střední rychlosti pomocí mixéru, dokud se dobře nepromíchají.
g) Do smetanové směsi přidejte nastrouhanou pomerančovou kůru, vanilkový extrakt a náhražku vajec (odpovídá 1 velkému vejci). Dobře prošlehejte.

h) Moučnou směs přidávejte do smetanové směsi střídavě s odtučněným bílým jogurtem, počínaje a konče moučnou směsí. Po každém přidání dobře prošlehejte.

i) Případně do těsta na koláč vmíchejte nasekané pekanové ořechy.

j) Těsto na dort nalijte na naaranžované plátky manga v dortové formě.

k) Koláč pečte v předehřáté troubě přibližně 30 minut nebo dokud dřevěné trsátko zapíchnuté do středu koláče nevyjde čisté.

l) Koláč nechte 5 minut vychladnout na plechu na mřížce.

m) Uvolněte dort ze stran formy pomocí úzké kovové stěrky. Dort vyklopte na dortový talíř a nakrájejte na měsíčky.

n) Podávejte mango-ořechový dort vzhůru nohama ještě teplý a vychutnejte si tuto lahodnou tropickou pochoutku!

84. Mango a kokosový dort vzhůru nohama

SLOŽENÍ:
- Rozpuštěné máslo, namazat
- 270 ml plechovka kokosového mléka
- 135 g (1½ šálku) sušeného kokosu
- 200 g nesoleného másla, změklého
- 220 g (1 šálek) moučkového cukru
- 4 vejce
- 150 g (1 hrnek) hladké mouky
- 100 g (⅔ hrnku) samokypřící mouky
- Smetana nebo zmrzlina k podávání (volitelné)
- Opečený strouhaný nebo vločkovaný kokos k podávání (volitelně)

MANGO POLEVA:
- 3 pevná, ale zralá manga (asi 400 g každé)
- 50 g nesoleného másla
- 60 g (¼ šálku, pevně zabaleno) hnědého cukru

INSTRUKCE:
a) Troubu předehřejte na 180 °C (horkovzdušná na 160 °C). Formu na lamington o rozměrech 24 cm x 30 cm (rozměr základny) vymažte rozpuštěným máslem a dno vyložte nepřilnavým pečicím papírem.

b) Mangovou polevu připravíte tak, že z manga odříznete líčka, odstraníte slupku a poté podélně nakrájíte na 1 cm silné plátky (zbylou dužinu si ponechte pro další použití). V malém hrnci na středním plameni rozpusťte máslo, vmíchejte hnědý cukr a vařte asi 1 minutu, dokud se dobře nespojí. Směs přendejte do připravené formy a co nejrovnoměrněji rozetřete po základně. Plátky manga položte na směs hnědého cukru. Dát stranou.

c) Smíchejte kokosové mléko a sušený kokos v misce a dejte stranou. Elektrickým šlehačem ušlehejte máslo a cukr do bledé a krémové hmoty. Přidejte vejce jedno po druhém a po každém přidání šlehejte, dokud se dobře nespojí.

d) Prosejeme hladkou a samokypřicí mouku. Přidejte polovinu mouky do máslové směsi a velkou kovovou lžící nebo stěrkou přehněte, dokud se nespojí. Vmíchejte kokosovou směs a poté zbývající mouku, dokud se nespojí.

e) Lžící nalijte směs do formy na mango a zadní kovovou lžičkou rovnoměrně rozetřete, dávejte pozor, abyste mango nepohnuli. Pečte v předehřáté troubě 30–35 minut nebo dokud špejle zapíchnutá do středu koláče nevyjde čistá.

f) Nechte dort ve formě po dobu 10 minut. Přejeďte paletovým nožem po vnější straně dortu a vyklopte jej na servírovací talíř. Podávejte teplé nebo při pokojové teplotě se smetanou nebo zmrzlinou nebo samotné a posypané strouhaným kokosem.

85. Malinovo-mangový dort naruby

SLOŽENÍ:
- ½ šálku másla nebo margarínu
- ½ šálku cukru
- 2 lžíce smetany ke šlehání
- 1 ½ šálku čerstvých malin
- 1 ½ šálku nakrájeného manga (rezervujte si ½ šálku šťávy)
- ½ šálku nakrájených nebo nasekaných mandlí
- 1 krabice Francouzská vanilková dortová směs
- ½ šálku vody
- ⅓ šálku rostlinného oleje
- 1 lžička mandlového extraktu
- 3 vejce

INSTRUKCE:
a) Předehřejte troubu na 350 °F (175 °C) nebo 325 °F (163 °C) pro tmavou nebo nepřilnavou pánev. Máslo rozpusťte v 1-litrovém hrnci na středním plameni za občasného míchání. Vmícháme cukr a smetanu ke šlehání.

b) Za stálého míchání zahřejte k varu; vaříme 30 sekund. Nalijte směs do obdélníkové pánve o rozměrech 13 x 9 palců. Cukrovou směs rovnoměrně posypte malinami, nasekaným mangem a mandlemi.

c) Ve velké míse prošlehejte dortovou směs, vyhrazený ½ šálku mangové šťávy, vodu, olej, mandlový extrakt a vejce elektrickým šlehačem na nízkou rychlost po dobu 30 sekund, poté na střední rychlost po dobu 2 minut, občas oškrábejte mísu. Těsto nalijte na ovoce a mandle v pánvi.

d) Pečte 41 až 48 minut, nebo dokud nebude párátko zapíchnuté do středu čisté. Okamžitě přejeďte nožem po stranách formy, aby se koláč uvolnil.

e) Otočte pánev dnem vzhůru na žáruvzdorný servírovací talíř; nechte pánev nad dortem 1 minutu, aby poleva mohla pokapat dort. Dort chladíme alespoň 30 minut.

f) Podávejte teplé nebo studené. Uchovávejte přikryté v lednici.

86. Ananasový meruňkový dort vzhůru nohama

SLOŽENÍ:
- 3 lžíce nesoleného másla, rozpuštěného
- ½ šálku pevně zabaleného hnědého cukru
- 4 (¼ palce silné) kroužky čerstvého ananasu
- 2 lžíce nadrobno nakrájeného čerstvého ananasu
- 6 sušených celých meruněk plus 2 polévkové lžíce jemně nasekané
- 1 hrnek univerzální mouky
- 1 ¼ lžičky dvojčinného prášku do pečiva
- ¼ lžičky soli
- ⅓ šálku zeleninového tuku
- ½ šálku krystalového cukru
- 1 velké vejce
- 1 lžička vanilkového extraktu
- Šlehačka, k podávání

INSTRUKCE:

a) Předehřejte troubu na 350 °F (175 °C). 9palcovou kulatou dortovou formu vymažte máslem.

b) Ve vymaštěné dortové formě smíchejte rozpuštěné máslo a hnědý cukr a směs rovnoměrně natlačte na dno formy.

c) Kolečka ananasu rozkrojte napůl a ozdobným vzorem je potřete papírovými utěrkami, abyste odstranili přebytečnou vlhkost, spolu s celými meruňkami (hladkou stranou dolů) na cukrovou směs.

d) V malé misce prosejeme univerzální mouku, prášek do pečiva a sůl.

e) V samostatné misce elektrickým šlehačem ušlehejte rostlinný tuk a krystalový cukr do světlé a nadýchané hmoty. Přidejte vejce a vanilkový extrakt a pokračujte v šlehání, dokud se dobře nespojí.

f) Postupně přidávejte moučnou směs do tukové směsi, střídavě s ⅓ šálku vody, po každém přidání šlehejte. Vmíchejte nakrájený ananas a nakrájené meruňky (pokud jsou příliš vlhké, nezapomeňte je osušit).

g) Těsto rovnoměrně rozetřeme na ananasovou a meruňkovou vrstvu v dortové formě.

h) Koláč pečte v předehřáté troubě 40 až 45 minut, nebo dokud párátko zapíchnuté do středu nevyjde čisté.

i) Dort nechte 5 minut vychladnout na pánvi a poté jej vyklopte na servírovací talíř.

j) Ananasový meruňkový koláč vzhůru nohama podávejte teplý nebo při pokojové teplotě spolu se šlehačkou.

k) Vychutnejte si tento lahodný dezert s jeho nádhernou směsí chutí a textur!

87.Ananasový rozmarýnový koláč vzhůru nohama e

SLOŽENÍ:
K NÁPLNĚ:
- 3 lžíce másla
- ¼ šálku hnědého cukru
- 16 uncí drceného ananasu (scezeného, šťáva vyhrazena)

NA DORT:
- ¼ šálku másla
- ¾ šálku krystalového cukru
- 1 lžíce čerstvého rozmarýnu, mletého
- ¼ šálku zakysané smetany
- ½ lžičky vanilkového extraktu
- 1 velké vejce, rozšlehané
- 1 ¼ šálku univerzální mouky
- 2 lžičky prášku do pečiva
- ¼ lžičky soli
- ½ šálku nasekaných vlašských ořechů

INSTRUKCE:
a) Předehřejte troubu na 350 °F (175 °C). Čtvercovou dortovou formu 8" x 8" vymažte tukem.

K NÁPLNĚ:
b) V dortové formě v troubě rozpustíme 3 lžíce másla. Vmíchejte hnědý cukr a rovnoměrně ho rozetřete po dně pánve. Ananas sceďte a nechte si šťávu. Scezený ananas rovnoměrně rozprostřete na směs hnědého cukru.

NA DORT:
c) V míse ušlehejte ¼ šálku másla a krystalového cukru, dokud nebude světlá a nadýchaná. Vmícháme mletý rozmarýn.
d) V samostatné misce smíchejte ¼ šálku odložené ananasové šťávy se zakysanou smetanou, vanilkovým extraktem a rozšlehaným vejcem.
e) V jiné míse smíchejte univerzální mouku, prášek do pečiva a sůl.
f) Suché ingredience přidávejte do směsi másla a cukru střídavě s tekutou směsí (ananasový džus, zakysaná smetana a vejce) a po každém přidání dobře promíchejte.
g) Rychle vmícháme nasekané vlašské ořechy.

h) Těsto rovnoměrně rozetřeme na ananasovou polevu v dortové formě.

i) Koláč pečte v předehřáté troubě asi 25 minut, nebo dokud párátko zapíchnuté do středu nevyjde čisté.

j) Než koláč vyklopíte na servírovací talíř, nechte ho 10 až 15 minut vychladnout na mřížce.

k) Ananasový rozmarýnový dort podávejte teplý a můžete jej doplnit šlehačkou pro extra požitek.

88. Ananas vzhůru nohama zázvorový dort

SLOŽENÍ:
- 3 lžíce másla, změkl
- 4 lžíce másla, změkl
- ⅓ šálku Světle hnědý cukr, pevně zabalený
- 1 plechovka (8 uncí) plátky ananasu, okapané a osušené na papírových utěrkách
- ½ šálku cukru
- 1 velké vejce, pokojová teplota
- ½ šálku světlé melasy
- ½ šálku mléka
- 1 ½ šálku univerzální mouky
- 1 lžička jedlé sody
- 1 lžička skořice
- 1 lžička mletého zázvoru
- ¼ lžičky soli

INSTRUKCE:
a) Předehřejte troubu na 325 stupňů Fahrenheita (165 stupňů Celsia).
b) Do dortové formy 9" x 11-½" x 2" vložte 3 polévkové lžíce změklého másla. Formu vložte do předehřáté trouby, dokud se máslo nerozpustí.
c) Vyjměte pánev z trouby a promíchejte rozpuštěné máslo, aby se dno formy rovnoměrně pokrylo.
d) Světle hnědý cukr okamžitě rovnoměrně posypte na rozpuštěné máslo v pánvi.
e) Scezené plátky ananasu položte v jedné vrstvě na hnědý cukr v pánvi.
f) Ve středně velké míse prošlehejte zbylé 4 lžíce změklého másla a cukru pomocí elektrického mixéru na vysoké otáčky, dokud směs nebude krémová.
g) Všlehejte vejce, lehkou melasu a mléko, dokud se vše dobře nespojí.
h) V jiné středně velké míse smíchejte univerzální mouku, jedlou sodu, skořici, mletý zázvor a sůl.
i) Postupně přidávejte směs suchých ingrediencí do těsta při nízké rychlosti a míchejte, dokud se zcela nezapracuje.

j) Těsto rovnoměrně nanášejte na plátky ananasu v dortové formě.

k) Dort pečte asi 60 minut nebo dokud tester dortů vložený blízko středu nevyjde čistý.

l) Jakmile je koláč hotový, vyjměte jej z trouby a ihned vyklopte na servírovací talíř.

m) Střed každého ananasového kroužku ozdobte polovinou třešně maraschino.

n) Vychutnejte si svůj lahodný ananasový zázvorový dort vzhůru nohama!

89. Dort s ananasem a sýrem vzhůru nohama

SLOŽENÍ:
- 20 uncí plechovka neslazené plátky ananasu, neodkapané
- ½ šálku pevně zabaleného hnědého cukru
- 2 lžíce tyčinkového margarínu
- Sprej na vaření zeleniny
- ¾ šálku cukru
- ¼ šálku smetanového sýra se sníženým obsahem tuku
- 2 lžíce tyčinkového margarínu
- 2 vaječné bílky
- 1 vejce
- ¾ šálku univerzální mouky
- 1 lžička prášku do pečiva
- ¼ lžičky soli
- ¾ šálku jemně nastrouhaného ostrého sýra čedar
- ½ lžičky vanilkového extraktu

INSTRUKCE:
a) Předehřejte troubu na 350 °F (175 °C).
b) Plátky ananasu sceďte z plechovky a ponechte si ¼ šálku šťávy. Odloženou šťávu a 3 plátky ananasu dejte do mixéru a zpracujte do hladka; dát stranou.
c) V hrnci smíchejte hnědý cukr a 2 lžíce margarínu. Vařte na středně mírném ohni, dokud se směs nerozpustí. Odstraňte z ohně a přidejte ¼ šálku pyré ananasu, míchejte, dokud se dobře nesmíchá. Tuto směs nalijte do 9palcové kulaté dortové formy potažené sprejem na vaření.
d) Zbývající plátky ananasu rozřízněte příčně napůl a položte je v jedné vrstvě na směs hnědého cukru v dortové formě; dát stranou.
e) Ve velké míse smíchejte ¾ šálku cukru, smetanový sýr se sníženým obsahem tuku a 2 lžíce margarínu. Šlehejte při střední rychlosti, dokud se dobře nesmíchá. Přidejte 2 bílky a vejce, jeden po druhém, a po každém přidání zašlehejte.
f) V samostatné misce smíchejte univerzální mouku, prášek do pečiva a sůl. Tuto suchou směs přidejte ke smetanové směsi a šlehejte, dokud se vše dobře nespojí. Vmíchejte zbývající ananas, nastrouhaný ostrý sýr čedar a vanilku.
g) Těsto rovnoměrně nalijte na plátky ananasu v dortové formě.

h) Pečte koláč při 350 ° F po dobu asi 45 minut, nebo dokud dřevěné trsátko vložené do středu nevyjde čisté.

i) Dort nechte 10 minut vychladnout na pánvi a poté jej vyklopte na servírovací talíř.

j) Dort podávejte teplý. Chutná i s kopečkem světlé šlehačky.

k) Užijte si svůj dort s ananasem a sýrem vzhůru nohama!

ZELENINOVÉ KOLÁČKY

90. Rebarborový dort vzhůru nohama

SLOŽENÍ:
NA REbarborovou polevu:
- 4 šálky Nakrájená rebarbora
- 1 šálek cukru
- 1 šálek rozčtvrcených marshmallows

NA DORTOVÉ TĚSTO:
- 1¾ šálků prosáté mouky
- 2 lžičky prášku do pečiva
- ⅛ lžičky soli
- ½ šálku Zkrácení
- 1 šálek cukru
- 2 vejce, oddělená
- ½ lžičky mandlového extraktu
- ⅓ lžičky vanilky
- ½ šálku mléka

INSTRUKCE:
a) Nakrájenou rebarboru vařte na mírném ohni, dokud nezačne vytékat šťáva. Přidejte cukr a marshmallows (pokud nepoužíváte čerstvé marshmallows) a dobře promíchejte. Směs dusíme asi 10 minut a poté nalijeme do vymazané dortové formy.
b) Předehřejte troubu na 350 stupňů Fahrenheita (175 stupňů Celsia).
c) Mouku, prášek do pečiva a sůl prosejeme do mísy.
d) V samostatné mixovací nádobě utřete tuk s cukrem, dokud nebude nadýchaný. Přidejte žloutky, mandlový extrakt a vanilku a důkladně prošlehejte.
e) Do tukové směsi postupně střídavě po malých množstvích přldávejte prosáté suché ingredience a mléko a po každém přidání dobře prošlehejte.
f) V jiné míse ušlehejte bílky, dokud nevytvoří tuhé špičky, ale nejsou suché.
g) Ušlehané bílky opatrně vmícháme do těsta na koláč.
h) Těsto na dort rovnoměrně nalijte na rebarborovou směs v dortové formě.

i) Koláč pečte v předehřáté troubě 40 až 50 minut, nebo dokud nebude párátko zapíchnuté do středu čisté.

j) Jakmile je koláč upečený, uvolněte jej ze stěn a dna formy pomocí stěrky. Poté koláč opatrně vyklopíme na dortový talíř.

k) Pokud používáte velmi čerstvé marshmallow, přidejte je do směsi rebarbory těsně před nalitím těsta na koláč.

l) Podávejte rebarborový koláč vzhůru nohama teplý a užívejte si!

91. Dýně Upside Down Dort

SLOŽENÍ:
- 1 plechovka (16 uncí) dýně
- 1 plechovka (13 uncí) odpařeného mléka
- 2 šálky extra jemného granulovaného cukru Imperial Sugar, dělené
- 3 vejce
- 2 lžíce mleté skořice
- 1 krabice Duncan Hines Butter Recipe Golden Cake Mix
- ½ šálku nasekaných pekanových ořechů
- 1 šálek rozpuštěného másla/margarínu
- 1 balení (8 uncí) smetanového sýra, měkčeného
- 1 střední nádoba Cool Whip, rozmražená
- Volitelně: ½ šálku kokosu

INSTRUKCE:
a) Předehřejte troubu na 350 °F (175 °C).
b) Postříkejte zapékací misku o rozměrech 9 x 13 palců nepřilnavým sprejem na vaření.
c) Ve velké míse smíchejte dýni, odpařené mléko, 1 hrnek cukru, vejce a mletou skořici. Dobře promíchejte, aby se vše dobře spojilo.
d) Do připraveného pekáčku nalijeme dýňovou směs.
e) Na dýňovou směs rovnoměrně posypte suchou dortovou směs a nasekané pekanové ořechy. Tím vytvoříte kůrku na dezert.
f) Směs na koláč a pekanové ořechy pokapejte rozpuštěným máslem.
g) Dezert pečte v předehřáté troubě 45–55 minut, nebo dokud nezíská zlatohnědou barvu. Necháme zcela vychladnout v pekáčku.
h) Jakmile dezert vychladne, obraťte jej nebo překlopte na jinou misku nebo servírovací tác. To odhalí krásnou kůrku nahoře.
i) Pro vytvoření polevy dezertu smíchejte v misce změklý smetanový sýr a 1 hrnek cukru, dokud se dobře nespojí. Poté přimíchejte Cool Whip ke směsi smetanového sýra. Vznikne tak krémová a lahodná poleva.
j) Rozložte smetanový sýr a směs Cool Whip na vrch a boky dezertu a zcela jej zakryjte.
k) Je-li to žádoucí, posypte vrch dezertu volitelným ½ šálku kokosu pro přidání chuti a textury.

92. Ananasovo-cuketový dort naruby

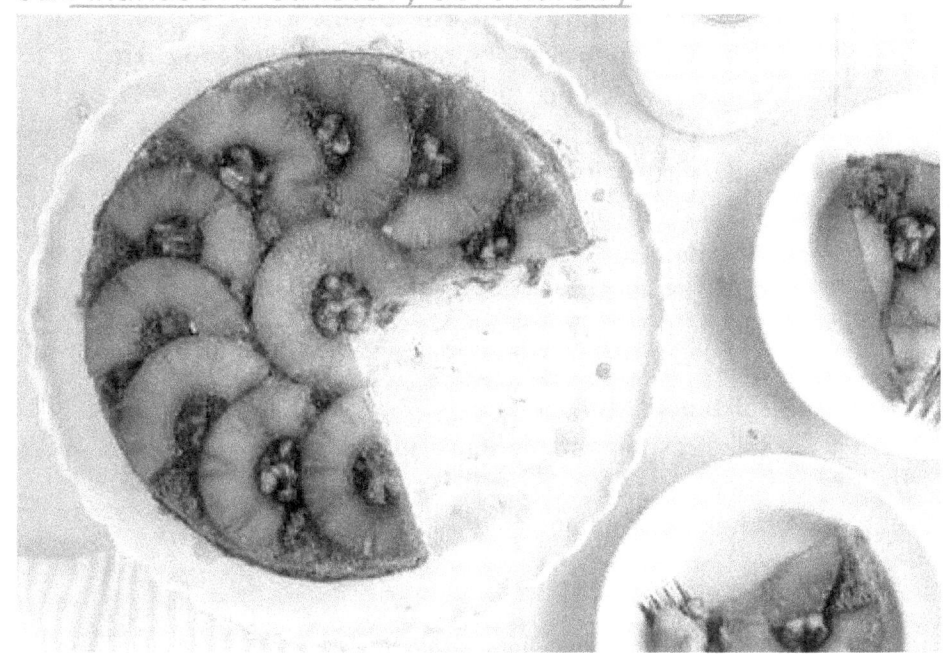

SLOŽENÍ:
- ½ šálku nesoleného másla, rozpuštěného
- ¾ šálku baleného světlého nebo tmavě hnědého cukru
- 1 plechovka (20 uncí) ananasové kroužky
- 12 půlek vlašských nebo pekanových ořechů
- ¾ šálku víceúčelové mouky Gold Medal™
- ⅔ šálku krystalového cukru
- 2 lžičky prášku do pečiva
- ½ lžičky jedlé sody
- ¼ lžičky soli
- ¼ lžičky mleté skořice
- ½ šálku podmáslí
- ¼ šálku rostlinného oleje
- 1 vejce
- 1 hrnek nastrouhané cukety (asi 1 menší)

INSTRUKCE:
a) Předehřejte troubu na 350 °F (175 °C).
b) Nalijte rozpuštěné máslo do 9palcové kulaté dortové formy. Pomocí štětce potřete dno a boky pánve máslem.
c) Na pánev rovnoměrně posypte hnědým cukrem.
d) Kolečka ananasu položte na hnědý cukr a do středů a mezi kolečka ananasu položte půlky vlašských nebo pekanových ořechů. Pánev dejte stranou.
e) Ve velké míse smíchejte mouku, krupicový cukr, prášek do pečiva, jedlou sodu, sůl a mletou skořici.
f) V samostatné střední misce smíchejte podmáslí, rostlinný olej, vejce a nastrouhanou cuketu. Přidejte mokré ingredience k suchým a míchejte, dokud se nespojí.
g) Těsto nalijte do připravené dortové formy na kolečka ananasu.
h) Koláč pečte v předehřáté troubě 35 až 40 minut, nebo dokud není dozlatova hnědá a párátko zapíchnuté do středu nevyjde s pár vlhkými drobky.
i) Dort nechte 1 hodinu vychladnout. Přejeďte nožem po okraji dortu, aby se uvolnil z formy. Na dortovou formu položte talíř nebo dortový stojan obráceně. Opatrně otočte talíř a dort dnem vzhůru, aby se dort uvolnil na talíř. V případě potřeby na pánev jemně poklepejte a poté ji z dortu zvedněte.
j) Pokud zbyde nějaký koláč, přikryjte jej a ochlaďte. Dort podávejte do 5 dnů.

93. Řepa vzhůru nohama dort

SLOŽENÍ:

- 3 lžíce organického, nesoleného másla
- ¼ šálku organického světle hnědého cukru
- 1-2 malé řepy, oloupané a nakrájené na tenké plátky
- 1-¼ šálku organické mandlové mouky (jako je Bob's Red Mill)
- ½ lžičky jedlé sody
- ½ lžičky košer soli
- 4 velká vejce, oddělená (bio/bez klece)
- ½ šálku organického světle hnědého cukru
- 2 lžičky pomerančové kůry

INSTRUKCE:

a) Předehřejte troubu na 350 °F (175 °C). Vyložte 8palcovou pružinovou formu pečicím papírem.
b) Rozpusťte máslo a nalijte ho do připravené pánve a krouživým pohybem s ním potřete boky. Na dno rovnoměrně posypte ¼ šálku hnědého cukru. Na hnědý cukr navrstvěte na tenké plátky nakrájenou řepu.
c) V míse prošlehejte mandlovou mouku, jedlou sodu a košer sůl. Dejte to stranou.
d) V míse stojanového mixéru utřete smetanu ze žloutků, ½ šálku hnědého cukru a pomerančové kůry, dokud se dobře nespojí.
e) Přidejte směs mandlové mouky do směsi vaječných žloutků a šlehejte, dokud se důkladně nespojí.
f) V čisté míse ušlehejte bílky, dokud nezpění a nezdvojnásobí svůj objem, ale ne dokud se nevytvoří špičky.
g) Ušlehané bílky opatrně vmícháme do směsi mandlové mouky a žloutků.
h) Těsto nalijte na řepu v pánvi a rovnoměrně ji rozetřete.
i) Koláč pečte na střední mřížce v předehřáté troubě 30–35 minut, nebo dokud není vršek zlatavý a párátko zapíchnuté do středu nevyjde čisté.
j) Přesuňte dort na chladicí mřížku a nechte jej úplně vychladnout, než jej vyjmete z formy a přenesete na servírovací talíř.

94. Broskev a pastinák Upside Down dort

SLOŽENÍ:
- 200 g (odkapané váhy) konzervovaných hrušek ve šťávě
- 225 g (odkapaná hmotnost) konzervovaných plátků broskve ve šťávě
- 225 g strouhaného pastináku
- 85 g sultánek
- 225 g samokypřící mouky
- 2 lžičky prášku do pečiva
- ¼ lžičky sody bikarbóny
- 2 lžičky smíšeného koření
- 100 ml rostlinného oleje
- 3 velká vejce, rozšlehaná
- 1 lžička vanilkového extraktu

INSTRUKCE:

a) Troubu předehřejte na 200°C/180°C horkovzdušnou. Kulatou dortovou formu o průměru 8 palců (20 cm) vymažte tukem a vyložte pečicím papírem. Konzervované ovoce sceďte.

b) V misce si vidličkou rozmačkáme hrušky.

c) Plátky broskví rozmístěte ve tvaru větrného mlýna nebo kruhu na dno dortové formy, ponechte mezi nimi prostor, ale rovnoměrně je rozmístěte.

d) V samostatné misce smíchejte všechny zbývající ingredience (nastrouhaný pastinák, sultánky, samokypřicí mouku, prášek do pečiva, sodu bikarbonu, míchané koření, rostlinný olej, rozšlehaná vejce a vanilkový extrakt) s rozmačkanou hruškou pomocí vařečky, dokud důkladně promíchané.

e) Lžící nalijte směs na broskve v dortové formě a ujistěte se, že jsou rovnoměrně pokryty.

f) Dort pečte 35 minut, dokud nezhnědne.

g) Před vyjmutím koláče z trouby vyložte plech pečicím papírem.

h) Koláč vyndejte z trouby a ihned vyklopte na vymazaný plech, takže broskve jsou nyní na dortu. Odstraňte pečicí papír z koláče a vložte jej zpět do trouby na dalších 15 minut, dokud nebude těsto na vrchní straně zcela propečené.

i) Koláč vyjměte z trouby a před podáváním jej nechte vychladnout na mřížce.

95. Mrkvový dort vzhůru nohama

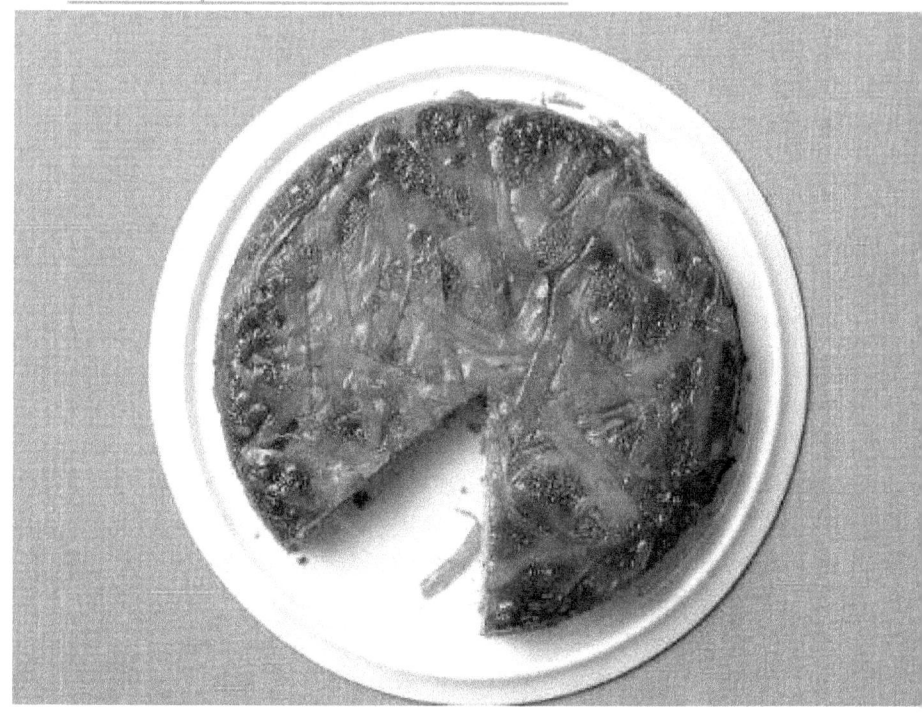

SLOŽENÍ:
POLEVA:
- 5 lžic nesoleného másla plus další na pánev
- ¼ šálku baleného světle hnědého cukru
- Šťáva z ½ citronu
- 4 malé mrkve, oloupané škrabkou na zeleninu na proužky

DORT:
- ½ šálku pekanových ořechů
- 1 ¼ šálku univerzální mouky
- 1 lžička mleté skořice
- ¾ lžičky prášku do pečiva
- ¾ lžičky jedlé sody
- ½ lžičky košer soli
- ¼ lžičky mletého nového koření
- 1 tyčinka (8 lžic) nesoleného másla při pokojové teplotě
- ⅔ šálku baleného světle hnědého cukru
- ½ lžičky citronové kůry
- 2 velká vejce
- ½ šálku zakysané smetany

INSTRUKCE:
a) Předehřejte troubu na 350 stupňů F. Máslem vymažte pouze strany 9palcové kulaté dortové formy.
NA KARAMELOVÝ POLEVA:
b) Máslo, hnědý cukr a citronovou šťávu dejte do mikrovlnné trouby v malé misce vhodné do mikrovlnné trouby, dokud se nerozpustí. Směs rozetřete na dno připravené pánve. Navrch naaranžujte stuhy mrkve.
NA DORT:
c) Pekanové ořechy rozložte na plech a pečte 8 až 10 minut, dokud nebudou pěkně opečené. Nechte je vychladnout a poté rozdrťte v kuchyňském robotu, dokud nebudou jemně mleté. Přendejte do velké mísy a prošlehejte spolu s moukou, skořicí, práškem do pečiva, jedlou sodou, solí a novým kořením; dát stranou.
d) Máslo a hnědý cukr šlehejte elektrickým šlehačem na střední až vysokou rychlost ve velké míse do světlé a nadýchané hmoty, asi 4 minuty. Zašlehejte citronovou kůru. Přidávejte vejce jedno po druhém,

po každém přidání šlehejte, aby se začlenila, a podle potřeby seškrábejte stěny mísy (není v pořádku, pokud těsto vypadá trochu odděleně a rozbité).

e) Snižte rychlost mixéru na nízkou a přidejte ½ moučné směsi, poté zakysanou smetanu a nakonec zbývající mouku.

f) Těsto nalijte na mrkev v dortové formě, rozprostřete do rovnoměrné vrstvy a na pánvi několikrát poklepejte. Pečte dort, dokud nebude zlatavě hnědý, neodtáhne se od okraje a párátko nebo zkoušečka dortů po zasunutí do středu nevyjde čisté, 45 až 50 minut.

g) Přejeďte nožem po okraji dortu, abyste jej oddělili od formy. Nechte dort vychladnout ve formě na mřížce, dokud nebude dostatečně vychladnout, aby se dal zvládnout, asi 30 minut.

h) Otočte servírovací talíř přes dortovou formu a držte je pohromadě a rychle je otočte, aby se dort rozbalil, mrkví nahoru. Necháme úplně vychladnout.

i) Nakrájejte na měsíčky a podávejte.

ČOKOLÁDOVÉ DOrty

96. Čokoládový meruňkový dort vzhůru nohama

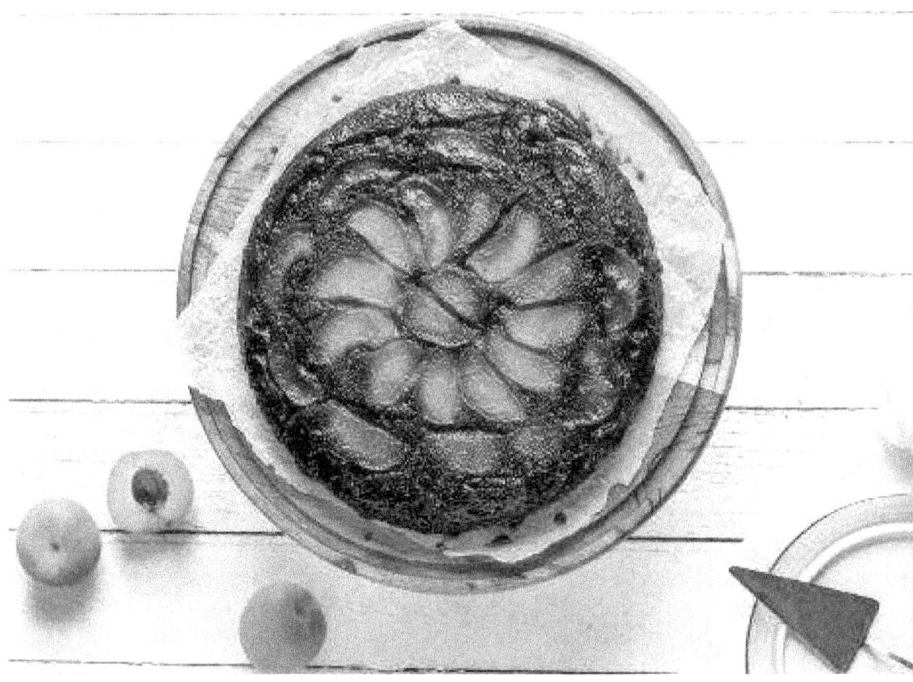

SLOŽENÍ:
POLEVA:
- ¼ šálku másla nebo margarínu, rozpuštěného
- ⅓ šálku Baleného světle hnědého cukru
- ¼ šálku nakrájených pekanových ořechů
- 17 uncí Konzervované poloviny meruněk, okapané

DORT:
- 1 hrnek univerzální mouky
- ⅓ šálku kakaa HERSHEY'S NEBO kakaa evropského stylu
- 1 ¼ lžičky prášku do pečiva
- ¼ lžičky soli
- 1 šálek granulovaného cukru
- ½ šálku másla nebo margarínu
- 2 vejce
- ½ šálku mléka
- 1 lžička vanilkového extraktu

ŠLEHANÁ PLEVA SKOŘICOVÁ
- 1 hrnek studené smetany ke šlehání (½ pinty)
- 3 lžíce moučkového cukru
- ⅛ lžičky mleté skořice

INSTRUKCE:
a) Předehřejte troubu na 375 °F (190 °C). V 9palcovém kulatém nebo 9palcovém čtvercovém pekáči rozpusťte v troubě ¼ šálku másla. Vyjměte z trouby a přidejte hnědý cukr, dobře promíchejte.

b) Směs rovnoměrně rozetřete po dně pánve. Scezené půlky meruněk naskládejte na pánev zaoblenou stranou dolů. Kolem meruněk nasypeme nasekané pekanové ořechy.

c) V samostatné misce smíchejte univerzální mouku, kakao, prášek do pečiva a sůl.

d) Ve velké míse prošlehejte krystalový cukr a ½ šálku másla. Přidejte vejce a dobře prošlehejte.

e) Do směsi cukru a másla přidávejte moučnou směs střídavě s mlékem a vanilkou. Šlehejte, dokud není těsto dobře promíchané.

f) Těsto na koláč rovnoměrně rozetřeme na meruňky v pánvi.

g) Koláč pečte v předehřáté troubě 40 až 45 minut nebo dokud dřevěné trsátko vložené do středu nevyjde čisté.
h) Dort ihned vyklopte na servírovací talíř.
i) Čokoládový meruňkový dort naruby podávejte mírně teplý nebo při pokojové teplotě se skořicově kropenatým šlehaným polevou.

ŠLEHANÁ PLEVA SKOŘICOVÁ

j) V malé misce smíchejte 1 šálek studené smetany ke šlehání (½ pinty), 3 lžíce moučkového cukru a ⅛ lžičky mleté skořice.
k) Směs šlehejte, dokud se nevytvoří tuhé špičky.
l) Dort podávejte se skořicově kropenatým šlehaným polevou, která lahodně a krémově doplní bohatou čokoládu a sladké meruňky. Užívat si!

97. Čokoládový třešňový dort vzhůru nohama

SLOŽENÍ:
- 1 plechovka náplně třešňového koláče (21 oz)
- 2 ¼ hrnku univerzální mouky
- 1 ½ šálku cukru
- ¾ šálku neslazeného kakaa
- 1 ½ lžičky jedlé sody
- ¾ lžičky soli
- 1 ½ šálku vody
- ¼ šálku oleje na vaření
- ¼ šálku octa
- 1 ½ lžičky vanilkového extraktu

INSTRUKCE:
a) Náplň třešňového koláče rovnoměrně rozprostřete na dno vymazané pánve o rozměrech 13x9x2 palce.
b) Ve velké míse smíchejte univerzální mouku, cukr, kakao, jedlou sodu a sůl.
c) V jiné misce smíchejte vodu, olej na vaření, ocet a vanilkový extrakt.
d) Tekutou směs přidejte k suchým ingrediencím najednou a míchejte jen tolik, aby všechny ingredience navlhly.
e) Těsto rovnoměrně nalijte na náplň třešňového koláče v pánvi.
f) Pečte koláč v předehřáté troubě na 350 stupňů Fahrenheita (175 stupňů Celsia) po dobu 30-35 minut, nebo dokud párátko zapíchnuté do středu nevyjde čisté.
g) Koláč nechte 10 minut vychladnout na pánvi, poté jej vyklopte na talíř a nechte zcela vychladnout.
h) Vychutnejte si tento delikátní čokoládový třešňový dort vzhůru nohama, kde se bohatý čokoládový dort snoubí se svůdnou třešňovou náplní pro lahodnou pochoutku!

98. Čokoládový ořechový dort vzhůru nohama

SLOŽENÍ:
POLEVA
- 2 lžíce másla nebo margarínu
- ¼ šálku hnědého cukru
- ⅔ šálku světlého kukuřičného sirupu
- ⅔ šálku těžké smetany
- 1 šálek vlašských ořechů, hrubě nasekaných

DORT
- 1 ¾ šálku univerzální mouky
- 2 lžičky prášku do pečiva
- ¼ lžičky soli
- ½ šálku másla nebo margarínu, změkčeného
- 1 ½ šálku cukru
- 2 vejce, oddělená
- 3 unce Neslazená čokoláda, rozpuštěná
- 1 lžička vanilky
- 1 šálek mléka

INSTRUKCE:
POLEVA

a) V malém hrnci rozpustíme 2 lžíce másla. Vmícháme hnědý cukr a zahříváme do zhoustnutí.

b) Vmíchejte kukuřičný sirup a hustou smetanu, zahřívejte a neustále míchejte, dokud se nevaří.

c) Do směsi přidejte nahrubo nasekané vlašské ořechy a poté ji nasypte do dobře vymazané 10palcové Bundtovy pánve. Při přípravě dortu odstavte.

DORT

d) Předehřejte troubu na 350 °F (175 °C).

e) Všestrannou mouku, prášek do pečiva a sůl prosejeme do mísy.

f) V samostatné míse šlehejte změklé máslo a cukr, dokud se dobře nespojí.

g) Do máslovo-cukrové směsi přidejte žloutky, rozpuštěnou čokoládu a vanilku a dobře promíchejte.

h) Do máslové směsi střídavě přidávejte moučnou směs a mléko, počínaje a konče moučnou směsí. Míchejte, dokud se dobře nespojí.

i) V samostatné misce ušlehejte bílky, dokud se nevytvoří tuhé špičky, a poté je opatrně vmíchejte do těsta na koláč.

j) Lžící nalijte dortové těsto na ořechovou směs v Bundtově pánvi.

k) Dort pečte 35–45 minut, nebo dokud nebude párátko zapíchnuté do středu čisté.

l) Koláč nechte 15 minut vychladnout ve formě a poté jej opatrně vyjměte z formy.

m) Vychutnejte si tento delikátní čokoládový dort naruby s bohatou čokoládovou příchutí a lahodnou ořechovou polevou. Ideální pro sdílení s přáteli a rodinou při jakékoli příležitosti!

99. Kokosový dort vzhůru nohama

SLOŽENÍ:
POLEVA
- 5 lžic másla, rozpuštěného
- ½ šálku hnědého cukru
- 1 hrnek strouhaného kokosu
- ¼ šálku nakrájených mandlí

DORT
- 4 polévkové lžíce Tuk
- ⅔ šálku cukru
- 1 vejce
- 1 hrnek prosáté mouky na koláč
- 1 ½ lžičky prášku do pečiva
- ¼ lžičky soli
- ⅓ šálku mléka
- 1 lžička vanilky

INSTRUKCE:

POLEVA

a) Rozpusťte máslo a nalijte ho do 9palcové dortové formy.
b) Na rozpuštěném másle rozdrobíme hnědý cukr.
c) Hnědý cukr rovnoměrně posypeme strouhaným kokosem a nakrájenými mandlemi.

DORT

d) V samostatné mixovací misce utřete tukový tuk s cukrem do hladka.
e) Přidejte vejce a dobře prošlehejte, dokud se zcela nezapracuje.
f) Mouku na koláč, prášek do pečiva a sůl prosejeme a pak je střídavě přidáváme do směsi cukru a vajec s mlékem.
g) Vmíchejte vanilku do těsta.

MONTÁŽ A PEČENÍ

h) Těsto na dort opatrně nalijte na kokosovou a mandlovou polevu v dortové formě a rovnoměrně rozetřete.
i) Pečte dort při 350 stupních Fahrenheita (175 stupňů Celsia) po dobu 30 až 35 minut, nebo dokud párátko vložené do středu nevyjde čisté.
j) Ihned po upečení koláč vyklopte na servírovací misku.
k) Nechte dort 3 až 4 minuty odpočívat, než jemně zvedněte formu.
l) Užijte si tento delikátní kokosový dort obrácený vzhůru nohama, kde se vlhký a voňavý dort snoubí s nádhernou kokosovou a mandlovou polevou! Ideální pro sladkou pochoutku nebo zvláštní příležitost.

100. Čokoládový tvarohový koláč Jack Daniel's Upside Down

SLOŽENÍ:

NA CHEESECAKE:
- 1 šálek polosladkých čokoládových lupínků
- ⅓ šálku mléka
- 3 balení (8 oz každé) smetanového sýra, pokojová teplota
- 1 šálek cukru
- 4 vejce
- 2 lžíce whisky Jack Daniel's

NA TĚSTO NA FUDGE BROWNIE:
- 2 čtverečky (každý 1 unce) Neslazená čokoláda
- ½ šálku másla (1 tyčinka)
- 2 vejce
- 1 šálek cukru
- 1 lžička vanilkového extraktu
- ½ šálku univerzální mouky
- ¼ šálku nasekaných vlašských ořechů (volitelné)

NA ČOKOLÁDOVÝ GANACHE:
- 1 ½ šálku čokoládových lupínků
- ⅓ šálku smetany ke šlehání
- 2 lžíce whisky Jack Daniel's
- 2 lžíce kukuřičného sirupu

INSTRUKCE:

a) Předehřejte troubu na 400 stupňů Fahrenheita (200 stupňů Celsia). Vymažte 9palcovou pružinovou pánev máslem.

b) Ve skleněné misce vhodné do mikrovlnné trouby rozpusťte polosladké čokoládové lupínky s mlékem v mikrovlnné troubě na vysoký (100%) výkon po dobu 1 až 1 ½ minuty nebo do hladka při míchání. Dát stranou.

c) Ve velké míse elektrického mixéru ušlehejte smetanový sýr a cukr do hladka. Vmíchejte vejce, dokud se dobře nespojí.

d) Vmíchejte rozpuštěnou čokoládovou směs a Jack Daniel's whisky, dokud se důkladně nespojí.

e) Těsto na tvarohový koláč nalijte do připravené formy na těsto.

f) Cheesecake pečeme v předehřáté troubě 15 minut. Poté snižte teplotu trouby na 350 stupňů Fahrenheita (175 stupňů Celsia) a pokračujte v pečení dalších 15 minut.

g) Vyjměte cheesecake z trouby a opatrně lžící rovnoměrně naneste na částečně upečený tvarohový koláč Fudge Brownie těsto, začněte od okrajů a postupujte směrem ke středu.

h) Vraťte cheesecake do trouby vyhřáté na 350 stupňů a pečte dalších 35 až 40 minut, nebo dokud párátko zapíchnuté do středu nevyjde téměř čisté.

i) Cheesecake zcela ochlaďte a poté chlaďte, dokud důkladně nevychladne.

j) Po vychladnutí sundejte z tvarohového koláče strany formy.

NA TĚSTO NA FUDGE BROWNIE:

k) Ve velké skleněné míse vhodné do mikrovlnné trouby smíchejte neslazené čokoládové čtverečky a máslo. Zahřívejte v mikrovlnné troubě na vysoký (100%) výkon po dobu 1 až 1 ½ minuty nebo do hladka při míchání. Vmíchejte vejce, cukr a vanilku, dokud se důkladně nespojí. Vmíchejte mouku a dobře promíchejte. Pokud chcete, vmíchejte nasekané vlašské ořechy. Na částečně upečený tvarohový koláč rovnoměrně rozprostřete těsto na fudge brownie.

NA ČOKOLÁDOVÝ GANACHE:

l) Ve velké skleněné míse vhodné do mikrovlnné trouby smíchejte čokoládové lupínky a smetanu ke šlehání. Zahřívejte v mikrovlnné troubě na vysoký (100%) výkon po dobu 1 až 1 ½ minuty nebo do hladka při míchání. Vmíchejte whisky Jack Daniel's a kukuřičný sirup.

m) Ganache chlaďte, dokud nezhoustne do konzistence.

n) Čokoládovou ganache rovnoměrně rozetřete na vršek tvarohového koláče s koláčkem.

o) Cheesecake dejte znovu do lednice, dokud ganache neztuhne.

p) Podávejte a vychutnejte si tento dekadentní Jack Daniel's Upside Down Double Chocolate Cheesecake!

ZÁVĚR

Doufáme, že na konci naší cesty po „Kuchařce pro Tarte Tatin" jste byli inspirováni k tomu, abyste se ponořili do světa lahůdek naruby a objevili kouzlo Tarte Tatin v celé jeho lahodné kráse. Ať už si dopřáváte klasický jablečný Tarte Tatin, experimentujete s variacemi sezónního ovoce nebo si na tomto milovaném dezertu vytváříte své vlastní jedinečné zvraty, na kombinaci karamelizovaného ovoce a máslového pečiva je něco skutečně výjimečného.

Při dalším objevování světa receptů na Tarte Tatin ať vám každý upečený dezert přinese radost, uspokojení a chuť francouzského kulinářského dědictví. Ať už sdílíte Tarte Tatin se svými blízkými, dopřáváte si sólo požitek nebo obdarováváte své přátele a sousedy domácími výtvory, ať zážitek z pečení a vychutnávání tohoto nadčasového dezertu naplní vaše srdce teplem a vaše patra potěšením.

Děkujeme, že jste se k nám připojili na této chutné cestě světem Tarte Tatin. Ať je vaše kuchyně plná vůně karamelizovaného ovoce, váš stůl lahůdkami lahodných dezertů a vaše srdce radostí z pečení. Dokud se znovu nepotkáme, šťastné vytváření Tarte Tatin a dobrou chuť!

www.ingramcontent.com/pod-product-compliance
Lightning Source LLC
Chambersburg PA
CBHW071307110526
44591CB00010B/810